高等院校课程思政丛书

气候变化经济学
课程思政教学案例
选编

Selected Cases of Ideological and Political Education in the
Course of Climate Change Economics

主编◎于梦衍　　副主编◎于子原

本书出版获得教育部人文社会科学一般项目"新时代港澳青少年政治社会化路径研究——以提升国家政治认同为目标"（19YJC710095）资助。

经济管理出版社
ECONOMY & MANAGEMENT PUBLISHING HOUSE

图书在版编目（CIP）数据

气候变化经济学课程思政教学案例选编/于梦衍主编；于子原副主编 . —北京：经济管理出版社，2023.10

ISBN 978-7-5096-9394-0

Ⅰ.①气… Ⅱ.①于… ②于… Ⅲ.①思想政治教育—教案（教育）—高等学校
Ⅳ.①G641

中国国家版本馆 CIP 数据核字（2023）第 204950 号

组稿编辑：李红贤
责任编辑：李红贤
责任印制：许　艳

出版发行：经济管理出版社
　　　　　（北京市海淀区北蜂窝 8 号中雅大厦 A 座 11 层　100038）
网　　　址：www. E-mp. com. cn
电　　　话：(010) 51915602
印　　　刷：北京市海淀区唐家岭福利印刷厂
经　　　销：新华书店
开　　　本：720mm×1000mm/16
印　　　张：10.75
字　　　数：176 千字
版　　　次：2023 年 11 月第 1 版　　2023 年 11 月第 1 次印刷
书　　　号：ISBN 978-7-5096-9394-0
定　　　价：68.00 元

前　言

　　气候变化与温室效应给全人类的生产和生活带来了巨大威胁与挑战，危及人类赖以生存的星球的生态安全。人类的生产活动对自身的精神活动、心理认知、基本的生存与发展具有重大影响，应对气候变化的行动既是一个经济问题，又是一个政治问题。本书以教材《气候变化经济学》为蓝本，编写出一系列相关的思政教学案例，通过深入挖掘气候变化经济学课程思政的要素，对相关的经济问题进行人文政治领域的解读，提升学生相关的价值观、行动力，共同探讨和研究如何通过创新实现经济可持续发展、能源安全、公众健康、生活质量提高等一系列目标的广泛的协同效应。

　　迄今为止，全球在应对气候变化的行动进程中已经取得了令人瞩目的成就。为进一步达成应对气候变化的一系列核心目标，必须研发制定控制和减少温室气体排放的政策，特别是化石能源消费产生的二氧化碳排放政策，而这一切不仅要依靠经济生产活动，更要依靠新的气候变化治理理念、国际国内治理体系的构建、能源政策的改革及经济社会发展方式的转变与变革。在气候变化经济学课程中，经济学的专业知识与政治经济学相关领域的知识交叉结合，因此其中诸多板块的内容具有发掘课程思政要素的重大潜力。本书正是以此为出发点，设计了一系列既能阐述理论知识，又能提升思想价值的课程思政案例。

　　在空间上，气候变化问题属于全球化问题，因此它是一个典型的全球公共治理问题；在时间上，气候变化问题涉及人类的发展历程、发展方式、发展模式，其未来面临着巨大的不确定性和较高的风险。在这样的学科特征背景下，笔者关注气候变化相关的政治经济学现象，特别是在习近平生态文明思想的指导下，我们更加有责任、有义务上好这样的一堂大思政课，将生态文明思想与气候变化的专业理论知识相融合，提升学生的思政认知。

学习本书不仅能够了解课程思政的价值，提升自身的认知，还能够通过相关的课程思政教学设计，对案例的主旨进行评析与反思，根据相关的拓展学习资料展开自主学习。本书正是秉持以上的逻辑和理念，选取了九章内容，列举了十九个案例，希望能给读者带来一定的收获。由于笔者水平有限，本书难免存在错漏与不足之处，恳请同行专家和读者提出宝贵意见，这些意见将成为我们持续改进的重要动力。

本书由于梦衍主编，编写字数 13 万字；于子原副主编，编写字数 4.6 万字。

目　录

第一章　气候变化的科学 ·· 1

　案例一　从气候变化的具体影响反思气候变化的原因 ············· 2

　案例二　温室效应对全球生产生活的综合影响 ····················· 6

第二章　与气候变化相关的经济学概念回顾 ······················· 11

　案例三　从市场以及公共物品的视角审视气候变化的治理路径 ····· 12

第三章　气候变化的影响及其经济评价 ····························· 21

　案例四　气候变化的表征及其对环境系统的影响 ················· 22

　案例五　气候变化对陆地生态系统的影响 ························· 29

　案例六　气候变化对海洋生态系统的影响 ························· 40

　案例七　气候变化对第一产业的影响 ····························· 45

　案例八　气候变化对第二产业的影响 ····························· 51

　案例九　气候变化对第三产业的影响 ····························· 57

　案例十　气候变化对人类健康的影响 ····························· 61

　案例十一　气候变化对人居环境的影响 ··························· 66

第四章　适应气候变化及其经济学问题 ····························· 73

　案例十二　适应行动在气候变化进程中的作用 ··················· 74

案例十三　适应技术与政策对减缓气候变化的影响 ……… 82

第五章　减缓气候变化及其经济学问题 …………… 93

案例十四　减缓技术在气候变化过程中的历史意义 ……… 94

案例十五　减缓政策对于气候变化治理的积极意义 ……… 101

第六章　排放情景研究及应用 ……………………… 113

案例十六　排放情景研究之于气候变化治理的价值 ……… 114

第七章　应对气候变化的国际合作 ………………… 125

案例十七　为什么应对气候变化需要国际合作? ………… 126

第八章　气候变化中的行为学研究 ………………… 143

案例十八　个体行为与气候变化治理的紧密联系 ………… 144

第九章　不确定性条件下的气候变化决策 ………… 151

案例十九　气候变化议题的不确定性及其重要性 ………… 152

第一章

气候变化的科学

【学习目标】

本章通过对气候变化和温室效应进行总括式定义，为全书的概念厘定奠定了坚实基础。本章具体学习目标为掌握气候变化与温室效应的概念，并能够结合实际案例深入挖掘与理解其内涵与外延。

案例一　从气候变化的具体影响反思气候变化的原因

一、学习要点与概述

◎气候变化现象及其原因

气候变化主要指除了气候的自然变异，由直接或者间接的人类活动改变地球气候的现象总称。在不同的时空维度上，造成气候变化的原因存在一定的差异，主要的自然原因包括太阳活动的变化、地球轨道的变化、火山活动及气候系统内部变率等；主要的人为原因包括人类燃烧矿石燃料和破坏森林等引起的温室气体浓度增加，饲养动物等人类活动造成的大气气溶胶浓度变化，以及不同的土地利用活动，等等。

二、思政案例

由于气候变化，两极生物在挨饿①

由于气温升高，极地冰雪呈现迟冻早融的趋势。在加拿大北部，已有与

①　气候变化造成影响的具体案例（一）两极生物在挨饿［EB/OL］.［2023－05－31］. https://www.douban.com/group/topic/2550994/？author＝1&_i＝566849045THhdU.

冰盖变化相关的北极熊饥饿及体重减少的报道。在南极洲，海冰消失、气温上升和降水量增加，正在改变着企鹅和海豹的习性及捕食和繁殖方式。

首先，北极熊的生存受到影响。海冰对北极熊具有至关重要的作用，北极熊的主要捕食对象——海豹和海獭都在海洋深处活动。当海面上的冰块融化以后，北极熊的活动范围就会被局限在狭小的陆地上。它们虽然也会游泳，但与那些天生就是游泳健将的海豹相比，逊色很多，所以，如果不借助浮冰，它们很难扩大活动范围，很难有效地追击到海豹。海冰拓展了北极熊的活动范围，为北极熊到远离海岸的深海处捕猎提供了可能。此外，科学家还指出，在哈德逊湾气温每上升 1 摄氏度，冰面融化导致的捕食机会减少就会引起雌性北极熊的体重减少 22 千克。雌性北极熊脂肪摄入量的减少直接影响北极熊幼崽的存活和成长。雌性北极熊每年 11 月在陆地上的雪洞中待产，12 月生下幼崽，等北极熊幼崽长到 5 个月大时才能适应长途的旅行，这时雌性北极熊才能带着幼崽到海冰上捕食猎物。也就是说，在漫长的 6 个多月的时间里，雌性北极熊没有任何食物摄入，还要母乳喂养幼崽，所有身体活动全靠消耗身体内的脂肪。可见，在生育前的脂肪储备对雌性北极熊的身体健康和北极熊幼崽的存活至关重要。科学家在哈德逊湾的调查研究显示，1980～1992 年，北极熊幼崽的存活率仅为 44%，导致这一低存活率的主要原因是缺乏足够的食物或母乳。

其次，降水异常导致极地生物幼崽受到威胁。海獭一般在陆地上的雪洞中生育幼崽，北极地区雨量增多导致很多雪洞被雨水冲毁，很多海獭幼崽还没有走出雪洞就被埋在塌了的雪洞中，窒息而死。这使得海獭的种群数量减少，作为北极熊的主要猎物，海獭数量的减少直接影响北极熊的食物摄入。同样道理，雨水也会冲毁北极熊幼崽生活的雪洞，北极熊幼崽在 4 个月龄以前是无法抵御北极寒冷而严酷的天气的，如果雪洞被冲毁，北极熊幼崽的生存则将受到巨大的威胁。

三、教学设计

1. 多媒体教学法

借助声光电的科技引导学生了解气候变化的惊人现状。通过观看纪录片、电影、新闻等相关片段，了解气候变化现象。在利用多媒体使学生感知气候变化现象后，布置观后感作业，促使学生思考现象的成因及未来的走向。

2. 比较教学法

比较教学法是将两个或两个以上的事物放在一起比较，确定事物的相同点和不同点，使学生掌握相关知识的一种教学方法。因此，可以通过比较气候变化前后的"变"与"不变"，引导学生观察气候变化的成因，并思索解决、减缓气候变化现象的可能行动路径。

四、案例思考与评析

本案例通过描述两极生物的基本生存状况的急速转变，极为直观地说明了气候变化给地球生物生存居住的基本环境带来的颠覆性影响。本案例启示我们，气候变化现象除关乎两极生物的生存现状外，还同人类的生产、生活、文化活动息息相关。案例的主旨警示我们如果不正视气候变化问题，不善待我们的自然环境与人居环境，以及受我们影响的各种生物的生存环境，人类就有可能遭受更为严苛的挑战、更为重大的危机。本案例促使我们思考气候变化究竟给我们的社会和环境带来了怎样重大的、消极的改变，我们将采取怎样的行动去应对这样的改变与危机。危中蕴机，危中寻机，不断地破局，不断地思索解决气候变化问题的良方。

五、案例提问与解析

请尝试论述气候变化对人类的生产生活有怎样的影响。

参考答案：人类影响气候，气候也影响人类。气候变化分为短时期内的气候变化和长期的气候变化。短时期内的气候变化，特别是一些极端的天气现象，如洪涝灾害、干旱、雨雪、冰霜、沙尘暴等，足以给人类社会的生产生活带来颠覆性的打击。例如，在历史上，一些热带地区的暴雨灾害引起饥荒及疫情。非洲的干旱灾害也使得许多国家的农业、畜牧业遭受重创。短期的打击虽然是局部的，不至于影响整个生态系统，但会给人类社会的生产生活，特别是经济方面的活动带来巨大的损害。

长期的气候变化虽然比较缓慢，但能使人类的生态系统发生根本的、颠覆性的转变，深刻影响和改变我们的生产布局与生产方式。例如，中国古代河南地区是有大象的，在商周时期梅子是北方人民重要的食品，这些都侧面说明气候的变化从很早的时候就已经开始了，而且它深刻地影响着人们的生产生活。气候变迁，对于农业，以及后期的工业生产生活方式都有着极为重大的影响。综上所述，气候变化不论是在短期还是在长期，对于人类社会的影响都是十分深远的。对于整个生态链，从底端到顶端，中间的各个环节都要重视气候变化现象，真正做到牵一发而动全身，通过局部的改良、改进与改革，不断完善人类对气候变化的治理，从而应对这一全球性的人类挑战。

六、拓展学习资料

【1】任国玉，郭军，徐铭志，等. 近50年中国地面气候变化基本特征[J]. 气象学报，2005(6)：942-956.

【2】丁一汇，任国玉，石广玉，等. 气候变化国家评估报告（Ⅰ）：中国气候变化的历史和未来趋势[J]. 气候变化研究进展，2006(1)：3-8，50.

案例二 温室效应对全球生产生活的综合影响

一、学习要点与概述

◎温室气体和温室效应

不论是人为因素还是自然因素，温室气体正在因其对全球变暖的巨大影响，深刻塑造与改变着当代人类社会的生活。温室气体指的是大气中能够吸收地面反射的太阳辐射，并且重新产生辐射的一些气体。像我们熟知的水汽、二氧化碳、氟利昂、甲烷，这些都是大气成分当中主要的温室气体，使地球表面变得更暖，类似于温室截留太阳辐射，产生一种加热的功效，已经有大量的理论和观测数据佐证，温室效应已经给人类的生产生活带来了十分明显的影响。地球表面平均温度基本上维持在15℃，如果没有这些温室气体，地球表面的平均温度为−18℃。人类关于温室气体的理论研究，可追溯至19世纪初期，法国科学家傅里叶通过观察得出关于温室气体的结论与假想。另外，西方的科学家也对空气（大气）成分当中，会使地表维持在一定温度界限的现象产生了浓厚的观测兴趣，有着诸多的理念输出与理论概念的探索。

人们逐渐意识到特别是工业革命以来，人类的诸多生产、生活、实践都与温室气体、温室效应有着千丝万缕的联系。人类直接或间接的供电活动会排出大量的二氧化碳气体，一般而言，人类生产生活产生的这些二氧化碳一半进入大气，一半被海洋和陆地植物吸收，当海洋的二氧化碳达到饱和状态时，大气中二氧化碳的含量就会迅速上升，人为温室效应也就越发显著。温室效应其实就是太阳的短波辐射会通过大气射入地面，但是地面温度升高以后放出的长波辐射会被大气中的二氧化碳等吸收，最终使得大气变暖。

正是因为温室气体的自然效应，大气对于地球表面的温度形成了一种保护，使地表的气温能够稳定在一个波动较小的区间，不像月球那样温度昼夜变化极其剧烈，不适宜人类及其他物种的生存与发展。目前，人为的温室效应已经引起了社会各界的关注。

◎气候变化的模拟、预估与未来愿景

在全球排放的温室气体当中，煤炭、石油、天然气分别占全球排放总量的42%、33%和19%，剩下的6%主要来自水泥生产和工业废气燃烧①。回顾大数据，我们不难总结出这样一个规律，即碳排放与经济周期有着比较密切的关系。当发生经济危机的时候，全球的碳排放量出现下降。与此同时我们也应当注意到，新能源占比正在逐渐提高，国家政策不断向天然气及可再生能源倾斜，为的就是解决过度排放二氧化碳的问题。

发展中国家的能源在很大程度上依靠温室气体排放量高的煤炭，但是与此同时，对于新能源的研发应用也在逐步增加。眼下二氧化碳的排放基本持稳，对于这一稳定的现象很难判断它是达到峰值，还是暂时平稳。我国在2006年时已经超越了美国，成为世界最大的二氧化碳排放国。因此，现今我国制定"双碳"目标，擘画生态文明的蓝图，都与我国在国际上需要扮演更加积极的参与者的角色有着很大的关系。但从人均排放量来看，发达国家的人均排放量比较高，人均二氧化碳排放量高的国家是海湾地区的国家，如卡塔尔每年人均二氧化碳排放量为30.4吨，科威特21.4吨，阿联酋24.9吨。美国人均二氧化碳排放量为13.5吨，紧随其后的是澳大利亚、加拿大。中国的人均二氧化碳排放量2020年为6.9吨②。人为的温室效应正在导致地球变暖，不论是在理论上还是在实践上都已经被证实，其决策的要点就是如何能够在实现经济社会发展的同时，兼顾温室效应的解决与改良。

---

① "北溪事件"或将造成地球急剧变暖[EB/OL].[2023-04-15].https://m.thepaper.cn/baijiahao_20154350.

② "2020年全球"二氧化碳排放量排行榜[EB/OL].[2023-05-16].https://www.chyxx.com/top/1112246.html.

二、思政案例

北溪管道的爆炸给温室效应带来的压力①

2022 年 9 月末，从俄罗斯到欧洲的北溪管道发生不明原因的爆炸，可能会释放"前所未有"的温室气体甲烷，对气候造成巨大破坏。波罗的海海面 1 千米范围内，有超过 10 万吨的气体泄漏到海水和大气中。其中约 90% 是甲烷，这是一种温室气体，其温室效应是二氧化碳的 80 多倍。这与 2016 年美国臭名昭著的阿利索峡谷（Aliso Canyon）泄漏事件相当，那次泄漏露天释放了 9.7 万吨甲烷。不同之处在于这次管道泄漏更加渐进，排气的时间要长得多。令人担忧的是，此次事件的规模和速度可能会导致全球甲烷排放量显著增加，并对地球产生迅速的变暖效应。"我们非常担心"，非营利气候组织清洁空气特别工作组（CATF）的大气科学家齐特利·佐帕·索萨（Zitely Tzompa Sosa）说。根据管道运营商 Nord Stream AG 公司的数据，在破裂时，北溪 1 号可能有 100 万~120 万吨甲烷。索萨在接受 CNN 采访时表示："假设温室气体进入大气，这将相当于 2020 年德国能源部门甲烷排放总量的三分之一，约为欧洲能源部门甲烷排放总量的 5%。"

目前，只能对泄漏量进行一个粗略的估算。2020 年 7 月，北溪 1 号停止向欧洲供应天然气，而北溪 2 号从未完全开放，因此无法确定气体含量。其他气候科学家的估计就不那么保守了。虽然北溪 2 号管道从未完全开放，但该管道的容量为 20 万吨。伦敦帝国理工学院化学工程讲师保罗·巴尔科比（Paul Balcombe）告诉 CNN，进入大气的 20 万吨气体将相当于英国甲烷总排放量的 10%。甲烷和二氧化碳都是温室气体，但它们的作用方式不同。巴尔科比告诉 CNN，甲烷使"近期变暖"的风险比二氧化碳大得多。尽管甲烷"在大气中只能持续 10 年左右"，但它的直接影响"要强大得多"。即使从长期来

① "北溪事件"或将造成地球急剧变暖［EB/OL］.［2023-04-15］. https://m. thepaper. cn/baijiahao_ 20154350.

看，情况也会更糟。巴尔科比对 CNN 说："在平均 100 年的时间范围内，甲烷的温室效应比二氧化碳严重 30 倍。现在造成的这些大泄漏将加剧近期的气候变暖。"

三、教学设计

1. CBL 教学法

CBL(Case-Based Learning)教学法是一种以案例为基础的教学方法，根据教学目标设计案例，以教师为引导，发挥学生的主体参与作用，通过翻转课堂、思考讨论、小组分析，强化学生对于知识点的把握与学习，提高学生理解问题、分析问题及解决问题的能力。

2. 案例教学法

案例教学法自古以来就是一种十分经典的教学方法，最早于 1870 年在哈佛大学法学院被正式运用，从而走向世界，方兴未艾。结合最新的事实案例，能够提升学生对于待解决问题的实用价值的理解，具有一定的教学创新性。

四、案例思考与评析

从俄罗斯到欧洲的北溪管道发生的不明爆炸，释放了大量的温室气体——甲烷，不论这是天灾还是人祸，毫无疑问都会给全球气候变暖带来巨大的影响。我们都要积极主动地去预防灾害性事件及次生危机的发生，不断地减缓全球气候变暖，为节能减排和减缓气候变化的负面影响做出积极的行动与贡献。

五、案例提问与解析

温室效应的危害主要有哪些？

参考答案：温室效应的主要危害：①冰川融化。冰川融化导致全球海平面上升，加剧各种各样美丽壮阔的自然景观的消逝。②海平面上升。全球出现高温天气，一些热带岛屿的生存状况也受到了严重的威胁。③病毒滋生。一些流行性的感冒、小儿麻痹症等病毒，可能随着温室效应的加剧而得到加速传播和更强大的生存能力。④对农业有负面影响。随着二氧化碳浓度的增加，植物由于蒸发所损失的水分得以减少，结果就是植物会长得更大，更快地吸收土壤当中的养分，对于化肥等其他肥料的需求会极大增加。⑤对气候产生负面的影响。温室效应会加剧一些强对流天气，如龙卷风、飓风、雷雨、冰雹等的发生，甚至在一些地方会导致泥石流、地面沉降等地质灾害。另外，热带地区由于过度炎热，将来可能不适宜居住。

六、拓展学习资料

【1】吴兑．温室气体与温室效应［M］．北京：气象出版社，2003.

【2】郑楚光．温室效应及其控制对策［M］．北京：中国电力出版社，2001.

第二章

与气候变化相关的
经济学概念回顾

【学习目标】

培养学生从政治经济学的视角出发，理解创新治理绿色产业的新路径、新方法、新工具，通过专业的分析工具，使学生从微观上掌握一些宏观概念的落实路径。例如，我国碳排放权交易的体制机制构建与实践学习要点及评价各种绿色环保产业的项目方案；相应的政策所产生的社会效益和消耗的社会成本；在环境决策方面，如何权衡利弊，最终产出效益和节约成本。

案例三　从市场以及公共物品的视角审视气候变化的治理路径

一、学习要点与概述

◎市场与价格

市场把物品的提供者和需求者聚集到一起，买卖物品，交易形成市场价格。价格是一种竞争规则，出价高者能买到物品，出价低者能卖出货物，出价是真金白银付出的成本和资本，它能够区分人们意愿的强烈程度，把稀缺的物品配置给需求最强烈、愿意付出成本最多的人。

在市场交易中，真正付出的成本是难以作假的。通过市场与价格机制，能够探测出人们真心愿意支持应对气候变化问题的程度。所以市场机制的研发，有利于了解人们对于气候变化的态度。价格是浪费最少的一种竞争规则，同时也是一种简明扼要的信息传递机制，能真切直观地反映一种货物、一种产品的价值及在市场上被需求的程度。价格机制具有以下三点作用：促进人们的合作、促进资源的优化配置、调节供给和需求。

◎产权和交易成本

产权是指被社会认可维护的行使某些行为的权利，其中最主要包括使用权、处置权和收益权。产权是关于行为的权利，对同一个物体可以界定出多个产权，如田野的产权过去可能只意味着在上面种植一些农作物或者放牧，但是现在还有使用风力发电机等一些机器设备的权利，这些产权是具有经济价值的。

产权界定在应对气候变化问题方面是一个十分凸显的问题。需要注意的是，产权的界定和保护是需要花费成本的，不同产权的界定和保护需要的成本有很大差别。产权的界定和保护所需要的成本，以及市场的建立、运行所需要的成本，都属于交易成本。从更广泛的意义来说，这是一种体制机制上的成本。

◎成本效益分析和成本效果分析

成本效益分析是比较主流、非常基本的一个绿色治理方案评估工具。首先，通过界定、整合项目的政策，制定务实的策略，特别是公共项目需要划定权责。其次，根据划定的权责，不断地识别、量化、操作化相应的投入和产出。最后，评估与计算。通过贴现等方式把未来可能发生的愿景转化为现在可以评估的价值限制。贴现的意义在于相对比较准确地量化未来政策实施的效果。成本效果分析比成本效益分析更进一步，成本效益分析是客观评估产出与成效，成本效果分析是客观阐述这些成效的达成度。作为一种经济评价形式，成本效果分析对既定目标的不同达成方案的成本和最后能够达到的综合治理效果进行比较，为人们提供成本最小、效益最大、效果最好的选择。这也是学习本门课程重要的目的之一，即通过量化的、实操的，甚至是预见未来的方法，助力绿色产业决策的科学性，即要用最小的成本达成最优的效果。很多时候与气候变化有关的项目，很难单纯做到货币化，所以成本效果分析就会凸显出来其重要性。成本效果分析理论提出至今已经有 40 余年，成为西方许多国家在医疗、环保等领域广泛运用的政策制定工具。

◎多准则决策

多准则决策也是分析决策理论的非常重要的一个内容。在最简单的应用当中，有各种各样的定性、定量指标，把它们组合起来，形成一套"组合拳"。这些指标的取值，包括决策者赋予不同指标的权重，共同制定了一个备选方案，依据不同方案的综合分值进行排名，助力决策者的决策过程。前文提到的成本效益分析、成本效果分析，也都可以包括在多准则决策当中，通过加权被映射到最终的排名。决策者择优做出多准则决策，根据目标属性进一步细化指标，选出最优的方案。

多准则决策方式有助于将定性研究融入纯定量分析的过程中，真正在决策环节发挥实效。还有一种提高决策科学性的衡量方法，即直接市场评价法，根据生产率的发展与变动来评估周遭环境质量改变所带来的影响。直接市场评价法把环境质量看作一个生产要素，利用市场价格赋予这种环境治理带来的效益在经济上的价值，从而有利于最终评估政策施行是否合理、收效如何。

◎公共物品

物品根据其消费是否具有竞争性和排他性可分为私人物品、公有资源、自然垄断和公共物品。竞争性是指私人物品在消费环节被某人使用后无法被另一个人使用。排他性是指能够把其他消费者排除在物品使用之外。具有非排他性的物品一般具有公共物品的一种性质，非竞争性、非排他性的物品被称为纯公共物品。例如，全球大气中的温室气体排放空间，就是纯公共物品，既没有竞争性，又没有排他性，任何人都可以从减少温室气体排放、减缓气候变化当中受益，无法把一部分人排除在外。公共物品的性质决定了我们应对气候变化有非常大的发挥空间，因为所有人都会从中获得收益。

二、思政案例

碳交易理念的实践与我国的碳交易所试点发展

《联合国气候变化框架公约》和《京都议定书》把市场机制作为解决以二氧化碳为代表的温室气体减排问题的新路径，即把二氧化碳排放权作为一种商品，从而形成二氧化碳排放权的交易，简称碳交易。2011 年 10 月国家发展和改革委员会印发《关于开展碳排放权交易试点工作的通知》，批准北京、上海、天津、重庆、湖北、广东和深圳开展碳交易试点工作。2021 年 6 月底前上线的全国碳排放权交易市场主要包括两个部分：交易中心落地上海，碳配额登记系统设在湖北武汉。

全国碳排放权交易市场(以下简称"碳市场")是实现"双碳"目标的核心政策工具之一。2011 年以来，北京、天津、上海等地开展了碳排放权交易试点工作。2017 年底，中国启动碳排放权交易。2021 年元旦起，全国碳市场发电行业第一个履约周期正式启动。生态环境部等多部委于 2021 年 6 月 25 日宣布全国碳交易市场开启。2021 年 7 月 16 日，全国碳市场启动仪式于北京、上海、武汉三地同时举办，备受瞩目的全国碳市场正式开始上线交易。2023 年 4 月 12 日至 14 日，首届中国(西部)国际碳中和技术成果博览会暨企业家高峰论坛(以下简称"碳博会")在重庆两江新区悦来国际会展城举行①。

首届上海国际碳中和技术、产品与成果博览会(以下简称"上海国际碳博会")于 2023 年 6 月 11 日至 14 日在上海国家会展中心举办。这是国内首个以"碳中和"为主题的博览会。展会以"走向碳中和之路"为主题，聚焦绿色低碳技术、产品和成果的推广宣介，旨在搭建碳中和全产业链各类主体对接交流的平台，促进经济社会发展绿色低碳转型。展会主要由主题展览、贸易对接活动及高峰论坛三部分组成。第一部分为主题展览，内容涵盖能源转

① 首届中国(西部)碳博会将在重庆两江新区悦来举行[EB/OL]. [2023-05-01]. https://www.cqcb.com/county/liangjiangxinqu/ljxqnews/2023-04-05/5225407_pc.html.

型、节能增效、循环经济、实践探索、低碳服务、低碳交通六大板块，涵盖碳中和六大行业 24 个细分领域。第二部分为贸易对接活动，安排集中签约、招商宣介、产品发布、供需对接等一批丰富多彩的活动。第三部分为高峰论坛，举办多个论坛，聚焦碳达峰碳中和前沿动向、科技创新和绿色金融等主题，发动和邀请各行业龙头企业、知名专家广泛参与。上海国际碳博会展会规模达 10 万平方米，涵盖 600 余家国内外展商，有超过 10 万人次观众及 300 多家主流媒体共同参与。与此同时，上海国际碳博会协同运用多种技术手段将碳排放降至最低，努力打造国内零碳展会标杆。举办碳博会主要有两个方面的重要意义：一是发挥市场的主体作用，通过搭建绿色低碳全产业链各类主体对接的平台，推动技术推广应用和新兴产业的发展；二是有利于加强国际合作，推动国际国内绿色低碳技术的交流进步，展示我国应对气候变化的行动和进展①。

三、教学设计

1. 模拟实验教学法

模拟相关专业的专家进行专业研究的基本过程，在课堂教学中重点培养学生观察、提问、模仿、实践，以及最终提出解决方案的能力。对于气候变化、环境治理，以及绿色产业的政策制定的施行效果和效益，可以尝试糅合一些自然学科课程常见、常用的模拟实验教学法，创设仿真的教学环境，通过仿真的思维、仿真的工具、仿真的数据、仿真的环境，让学生以实验的方式得出结论。对于相对抽象的经济学知识而言，模拟实验法能够突破这些抽象性的限制，将抽象的结构想象过程直观化。在"做中学"有助于学生有机理解相关模型、相关工具的具体使用方法，并且能够有机地将模拟实验当中所学习到的一些实践本领，同最终的成果转化联系起来。从课程思政的角度来说，模拟实验教学法能够让学生更好地理解国家为什么制定相关的绿色产业

① 国内首个碳中和主题博览会来了！上海国际碳博会将在 6 月 11 日至 14 日举行［EB/OL］.［2023-05-02］. https://baijiahao. baidu. com/s？id=1761935018441247603&wfr=spider&for=pc.

政策进行气候变化治理与环境保护。

　　2. 翻转课堂教学法

　　在我国碳排放交易所的发展方兴未艾，在翻转课堂教学过程中，让学生通过角色扮演模拟投资、改革、评估、推广，全过程式地体验碳排放权交易。

　　在翻转小组内部，可以根据不同的学生量身定制不同的角色，同时在小组之间又形成一种竞赛，这样可以极大地刺激学生学习的主动性和积极性，学生的想象力也有发展的落脚点与空间。

　　通过这样的教学环节，激发学生的求知欲望，改变教师单向传授知识的教学模式，增加专业课程的趣味性，也使课程思政能够以更为灵活的方式对学生产生切实的影响，让学生在政治上更自觉地同国家的决策保持高度一致。在教学过程中，可以灵活地移动时间线，积极自由地打造实践内容，最终对标现实的问题，提出教学方案与解决对策。

四、案例思考与评析

　　碳交易理念在国际法理学、经济学、政治学的意义上是比较年轻的概念。20 世纪末，《联合国气候变化框架公约》和《京都议定书》就已经粗具雏形，将碳排放交易定义为一种经济活动。自此我国不论是在北方还是在南方，无论是在沿海还是在内陆，均开始推进碳交易的试点工作，我国在体制机制上十分支持规范化治理全国的碳排放交易市场，治理的过程中自然需要各种各样的工具。

　　本案例的学习主要探究了如何授人以渔，让学生分析碳交易工作的理论重要性，同时在实际操作的维度融入自己的课程思政价值观，使碳交易实践体系化、科学化、可操作化，使我们不仅在话语体系上能够做到引领世界的气候变化治理进程，在实实在在的治理工具、治理效能的评估方面也能够走在前列。

　　我国对于碳交易支持既是自上而下的，又是自下而上的。2023 年 6 月我国举办了首届上海国际碳博会，说明我国对碳交易的体制机制的研究已经具备相当的完备性，这种完备性体现在对治理手段、治理产品、治理效能的不断细化上，通过对上游环节的治理，一直延伸到下游环节，对其他国家的治理也产生了相应的启示与启发。应当说，我国高屋建瓴、高瞻远瞩地把握世界未来相应经济社会发展活动当中的主流特征，虽然要克服体制机制以及实践评估维度的困难，但我国做到了先行一步，已经引领价值标准、引领方式方法、引领体制机制构建、引领成效评估。碳交易市场确实需要更加完备的顶层制度设计，从国家的高度有紧有松、收放自如地治理扶植这一新兴市场。

五、案例提问与解析

1. 请简要论述如何从顶层制度设计方面发展、完善碳交易市场。

2. 请论证如何发挥全国碳排放权交易市场的主体地位和先进作用。

3. 结合国内国际双循环的发展理念，谈谈你对碳排放权交易国际合作的看法。

1. 参考答案：2020 年 9 月 22 日，中国政府承诺于 2030 年前实现碳达峰、2060 年前实现碳中和的双碳目标。同年 12 月 18 日，中央经济工作会议将做好碳达峰和碳中和工作列为 2021 年八大任务之一。这当中最重要的工具就是碳排放权的交易。2021 年 3 月，《碳排放权交易管理暂行条例（草案修改稿）》（以下简称《暂行条例（草案）》）公开征集意见。从绿水青山就是金山银山，再到双碳目标，我国已经完全将气候变化治理相应的碳交易事业，提到了与经济发展同等重要的战略高度，而且两者要互相融合、彼此成就。

无论从国际经验还是国内经验来看，碳排放交易都是非常重要的工作手段与路径。《暂行条例（草案）》的立法层级是行政法规，这是高于管理办法的，立法的高阶形式更进了一步，那么如何在顶层制度设计方面去完善，进一步强化对碳交易市场的治理呢？

要完善程序，通过政府的引导政策引领法规的制定，明确职责分工，从听证收集意见到监管，再到最后报批，都要符合流程，并且保证效率。此外，要完善具体规则，加强风险的把控，通过一系列的金融经济的治理工具与杠杆，加强风险防控，不断地完善治理机器上的每个环节、每个螺丝钉，将已有的帮助我国顺利渡过历次风险的重要金融工具碳交易化，改造成为治理碳排放交易的重要抓手与工具。

在相应的法规当中，我们也会注意到，国家顶层设计非常重视追责和处罚的力度，所以对于不符合大局、不符合法规、不服从管理办法的现象，要纳入追责对象的范畴，最后使顶层制度设计出来的方案既符合高端愿景及双碳目标的实现，又能够同人民群众的生产生活相适应，最终能够覆盖社会，利用赏罚分明的制度，推动相关事业的发展。

2. 参考答案：在高端制造业强国的构建过程当中，要摸清产业之间、产业内部的发展脉络，只有摸清了实体经济的发展情况，才有可能将碳排放交易权的交易市场引入传统的经济金融市场当中，使其成为日常经济投资、金融交易实体等经济活动中的有机组成部分。在融入主流的交易市场、发挥主体作用的同时，碳排放交易市场还起着引领气候变化治理事业的作用。

要通过立法、建规的顶层制度设计，规范碳期货、碳期权等一系列金融衍生产品，不断地奠定、完善其法规基础。这将极大地提升公众的认知、市场的流动性以及价值价格功能充分发挥作用的可能性。《温室气体自愿减排交易管理暂行办法》于2012年6月13日正式生效，但现在已经不能够适应全国碳交易市场蓬勃兴起的规模以及多元诉求，因此针对不同地区、不同的产业板块、不同的排放单位，我们亟待从政治经济的角度发挥治理的功效与作用。

3. 参考答案：在规范了国内的碳排放交易产业之后，应当看到碳排放交易产业既是一个舶来的、比较领先的概念，又是一个急需真正具有本土化特征的产业板块。在中国特色社会主义的市场经济体制下，无论是在传统的经济金融行业领域，还是在气候变化的经济金融行业领域，我们都要保持开放的姿态，国际碳排放交易的市场同样也是世界的市场、共享的市场、开放的市场、大家的市场，国内国际的双循环要做到健康有益的发展与双向循环。在未来，碳排放权交易及其发展，既要重视国际合作，又要重视国家安全。

众所周知，在推动碳排放交易方面，欧盟走在世界的前列，已经有了适用于欧盟地区的气体排放交易方案，有相应的温室气体排放量的认定体系，允许减排补贴进入市场，并且最终能够达到以经济活动促进节能减排的环境治理目标。2021 年 7 月 15 日，上海环境能源交易所发布公告，全国碳排放权交易于 7 月 16 日开始，上海也是我们对外开放进行国际合作的前沿地带。在试点引领的体制机制之下，相信我们将会有更多的碳排放权交易通过特区的先行示范作用，不断大胆探索如何进行国际合作，在体制机制、立法层面等实现彼此融通与对接。不论是在顶层制度的设计上，还是实际操作和试验的过程中，我们都可以在合理合法的范围之内大胆探索国际交易的路径。

六、拓展学习资料

【1】王遥，刘倩，黎峥. 中国地方绿色金融发展报告（2021）［M］. 北京：社会科学文献出版社，2021.

【2】潘家华. 气候变化经济学［M］. 北京：中国社会科学出版社，2018.

【3】中国人民银行研究局. 中国绿色金融发展报告（2019）［M］. 北京：中国金融出版社，2019.

【4】张春霞. 绿色经济发展研究［M］. 北京：中国林业出版社，2002.

第三章

气候变化的影响及其经济评价

【学习目标】

认识气候变化对第一产业的影响。粮食安全问题的最终落脚点是人类的发展与健康问题，要让学生理解气候变化这一概念，根据一些交叉学科所学习到的知识，不断深入地探究气候变化的本因及影响，使提出的对策更具科学性、灵活性、创新性。

案例四　气候变化的表征及其对环境系统的影响

一、学习要点与概述

◎气候变化的表征

气候变化问题是全球关注的治理话题与环境话题。联合国政府间气候变化专门委员会（Intergovernment Panel on Climate Change，IPCC）是世界评估气候变化问题的权威机构，每年都会公布一些相关的研究数据与报告，这当中相当一部分指向了水文系统的治理问题、气候变化的表征问题。在地理学意义及城市景观的治理意义上，遭遇干旱、洪水、热浪、台风、暴雪等灾害被统称为气候变化的表征。全球气温上升，山顶的一些积雪融化加快会使水文系统更加活跃，特别是海平面的上升，会导致更多的水分从海洋蒸发并且传输到内陆，形成降水，这个过程也会更加缩短，加剧自然灾害发生的风险。极端的天气会造成人力、物力、财力上的各种各样的损耗与流失，甚至非常大的经济损失。因此，气候变化和陆地的水文系统具有非常密切的关系。

◎气候变化与水资源

水文系统的治理对于诸多国家来说是十分重要的议题。不同的地域面临着不同的水文治理问题，随着气候变化的发展，我国以及世界上许多国家的水文治理问题日趋复杂化。历史经验证明水文系统对于一个政权、一个文明、一个国家内部的人民的日常生产生活和政治治理都极其重要，甚至可以说是保证生产力发展的最基本的条件。学习本案例的最终目标是能够更加了解水文治理的特征，以及其在我国发展所面临的挑战，并如何应对此类难题。

大范围的冰川加速融化、河流净流量峰值所处季节由春季转为冬季等一系列水文现象与全球气候变暖有着很大关联。例如，欧洲、亚洲等国家的水文资源及其管理正承受着巨大压力，而气候变化将会加剧此类压力，洪水灾害、水资源短缺等风险都会加剧。同时，不同地域的气候变化还将导致各大洲的水文资源利用存在差异。气候变化下的生态环境及水文、土地资源利用情况表明，许多陆海物种都面临着巨大的生存风险。气候变化有可能会降低一些干旱地区、半干旱地区土壤的含水量和生产力，而有些地区还将受到厄尔尼诺、拉尼娜以及其他极端气候现象的影响，导致土地生产力降低和退化，吸收碳的速率也会随之降低，部分湿地可能演变为林地或者荒地，永冻土的融化使冻土带受到破坏，一些高山物种也变得十分敏感，如南美洲亚马逊河流域的森林面临巨大的气候变化带来的发展风险甚至生存危机。

二、思政案例

全球变暖加剧洪涝灾害风险与中国的水治理

由于我国特殊的地理位置、气候条件和经济社会发展的阶段性特征，我国的水安全问题十分突出。水是自然界中最活跃和最重要的一种物质，水安全一般指防洪安全、供水安全和水生态环境安全。全球气候变暖将加快水文循环，导致水分蒸发和降雨等要素在强度和空间分布等方面的变化，由此可能产生重要影响：水资源量和时空分布的变化；极端灾害性天气发生的量级和频次加强，导致一些地区洪水频繁，另外一些地区则出现大范围长时间的高温干旱；随着全球气候的变暖，冰川积雪融化，海平面上升，对沿海水利工程和社会经济发展产生不利影响；气候变化带来次生水文生态环境问题等。在未来气候变化、全球变暖背景下，这些问题将更加突出。我国是一个水旱灾害十分严重的国家，在所有自然灾害中，水旱灾害的损失约占71%。在水旱灾害中，洪水常因发生急、量级大、来势猛而带来巨大的生命和财产损失，始终是我国发展进程中的一大难题。近几十年来，我国的洪水灾害表现出一些新特点：一是流域性大洪水频发。例如，1998年和1999年的长江大洪水、1998年的松花江大水、2005年的西江流域性大洪水、2003年和2007年淮河全流域性大洪水，这在历史上是不多见的。二是极端暴雨现象明显增加。例如，2007年重庆、济南等城市发生强暴雨，均造成重大人员伤亡。三是超强台风频繁出现。例如，近年来多次出现16级以上台风，2006年我国南方地区经历的四号和八号台风，均给我国造成巨大经济损失和人员伤亡。这些水文灾害新特点的出现，使我们不得不重新考虑全球气候变化的深远影响①。

当地时间2023年3月21日，中欧水资源交流平台第九次年度高层对话会在美国纽约欧盟常驻联合国代表团驻地召开。我国水利部部长李国英，欧盟委员会副主席舒伊察，葡萄牙环境和气候行动部部长科代罗，荷兰基础设施与水管理部部长哈伯斯，匈牙利能源部环境政策和循环经济国务秘书长拉兹，芬兰农业和林业部常务秘书长卡里奥，马耳他环境、能源与企业部常务秘书长卡鲁阿纳，瑞典海洋与水管理署署长格拉尼特，法国水资源国际署主席达恩平9个国家和地区的高级别代表出席会议并展开了政策对话。水资源合作是中欧合作的重要组成部分。当前，全球气候变化影响加剧，水资源安全保障形势日益严峻，实现联合国2030年可持续发展议程涉水治理目标已成为人类社会共同而紧迫的使命。近年来，中欧双方在水文治理领域开展了全方位的交流与合作，取得了丰硕成果，为推动实现联合国2030年可持续发展议程涉水治理目标做出了积极贡献。李国英对未来中欧水资源交流与合作提出三点建议：一是深化水治理政策交流与合作。中方将坚定地贯彻落实

---

① 气候变暖影响我国水安全［EB/OL］.［2023 - 05 - 21］. https://www.cma.gov.cn/2011xwzx/2011xqxxw/2011xylsp/201110/t20111026_ 115638. html.

习近平总书记"节水优先、空间均衡、系统治理、两手发力"的治水思路，扎实推动新阶段水利事业高质量发展，着力提升水旱灾害防御能力、水资源节约集约利用能力、水资源优化配置能力、河湖生态保护治理能力。中方愿与欧方深入开展多领域、多层次水文治理政策交流，分享借鉴应对气候变化、防洪减灾、水资源节约集约利用、水生态环境治理保护、流域系统治理等方面的理念、政策和经验，推动对话合作取得更多成果。二是强化水文治理技术交流与合作。中方致力于发挥先进适用技术对保障水安全的重要支撑作用，提升水利数字化、网络化、智能化水平。中方愿与欧方开展更广泛的水利科技交流、人员互访、人才培养和学术研究等合作，加强在应对极端天气、河湖生态修复与保护、水资源高效循环利用、地下水基础研究和监测回补、数字孪生水利建设等领域的科技合作。三是携手推动实现联合国2030年可持续发展议程涉水目标。中方愿与欧方一道，更好发挥中欧水资源合作在全球水治理合作中的示范引领作用。

中国水利部及与会的欧洲国家高级别代表共同签署了会议联合宣言，承诺继续在流域管理与生态安全、生态修复、农村水利与粮食安全、水与城镇化、水与能源安全等领域开展工作，并加强在气候变化适应、洪旱灾害管理、智慧水利管理等方面的合作，加强水安全保障，减轻气候变化和生物多样性危机的影响，为推进实现联合国可持续发展涉水目标做出更多的实际贡献。

三、教学设计

1. 小组合作教学法

以作品产出为目的，在引导式教学的思路引领下，通过辩论、文学作品、短剧、海报设计等活动展开学习。采用小组合作的形式，可以鼓励学生以一定的文化产品为标杆展开相应的学习。如此一来，学生比较容易消化知识点，还可以鼓励其结合学科思政的特征，将自身所学的知识，通过丰富多样的形式完整地呈现出来，积极地从多元维度论证所学所想，甚至发表一些相应的作品。特别是针对音乐、体育、美术专业，以及地理、新闻与传播专业等交叉多元的学科领域，应注重让学生充分发挥自身优势，灵活地将自己的所学所思呈现出来。更为重要的是，应提倡通过多元形式传导一定的课程思政价值观，使教学更具效度。例如，历史学院的学生针对案例的内容，编排了与大禹治水及1998年抗洪抢险情节相关的短剧，并且将剧本进一步改编成文学作品，上传到B站(哔哩哔哩，英文名称bilibili)以及其他的网络写作平台，有机地将自身的所学、所思、所得加以结合利用，超越传统课堂的教学空间，产生一定的社会辐射效应。小组合作教学法在教学评估的维度提供了一种新的可能。通过分工合作，利用一些先进的智慧教学平台如超星学习通，在生生互动、师生互动等维度，不断地挖掘过程性考核的新可能。例如，通过过程性考核探讨每个小组成员在作品产出导向的过程中扮演着怎样的角色。

2. 场景体验转换法

通过3D视频、纪录片、VR片段的体验打造多元学习场景。不论是通过普通的2D视频还是3D视频，乃至VR设备的穿戴体验，利用虚拟教学工具在不同的教学场景之间转换，同时结合实地探访等实践教学模式，融劳育、体育、美育于德育，让学生不再单纯地局限于吸收知识点和通过考试，而是能够在不同的教学场景之间自由切换。例如，通过VR设备的穿戴实现一些场景的云游览，而这些教学的资源与素材也都可以通过科技手段留存过程性的资料，这样一来，不仅有大量丰富的知识点组成的基本教学素材，还有实践教学的过程性素材，这对教学的可持续性改进，乃至最终提升教学效果有十分重要的作用。

四、案例思考与评析

水文治理问题在欧洲大陆有着较为悠久的发展历史。例如，塞纳河的治理问题，最早可以追溯到20世纪中期，在欧洲大陆上当时就已经通过了关于塞纳河治理的法案与政策。在亚洲，韩国首尔市清溪川的水文治理问题在21世纪初也得到了非常惊人的改观。水文治理无论是在东方国家还是在西方国家，都是一个复杂的政治、经济与社会问题，河流是连接陆地生态系统与海洋生态系统的重要桥梁，对加强和改进水文生态系统的治理具有十分重要的作用。不论是动员社会力量还是政府进行主导，都要从多元维度入手完善水文治理。

在我国，不论是跨境的江河流域还是国内本土的水文系统，其治理既是经济问题，又是社会问题。据史料分析，我国古代从大禹时起就开始重视对水文状况的观测和分析。而随着社会的发展，历代各朝更是注重在各河流要处建站监测水文。有着"世界第一古代水文站"之称的白鹤梁，就是我国古水文站的一处罕世遗迹。白鹤梁是重庆涪陵城北长江中的一道天然石梁。由于白鹤梁的梁脊仅比长江常年最低水位高出2~3米，几乎常年没于水中，只在每年冬春之交水位较低时才部分露出水面，故古人常根据白鹤梁露出水面的高度来确定长江的枯水水位。从唐代起，古人便在白鹤梁上以"刻石记事"的方式记录长江的枯水水位，并刻石鱼作为水文标志。白鹤梁石鱼题刻保存很好，价值也很高。它记下了自公元764年后断续72个年份的枯水记录，共镌刻163则古代石刻题记。白鹤梁是举世公认的世界最早期的"水文站"，见证着我国古代水文治理的历史成就。我国有长江、黄河、淮河、海河、辽河、珠江、松花江七大水系，历代都很重视防汛抗洪和汛情通报工作，因为河流泛溢影响水运、灌溉和生活用水，关系人民的生命财产安全。虽然古今防汛抗洪不可同日而语，但古代还是有值得赞赏的做法。宜昌到重庆段就有枯水题刻群11处。在宋代，吴江（今江苏省苏州）上立有两座水则碑，建于1120年。水则碑分为左水则碑和右水则碑，左水则碑记录历年最高水位，右水则碑则记录一年中各旬、各月的最高水位。当时规定水位相当于一划，无论高田低田都不会受灾；超过两划，极低田地受灾；超过三划，低田受灾……超过七划，极高的田地也会受灾。如果某年洪水位特别高，即于水则刻曰：某年水至此。该水则上刻写的最早年（经换算）为1194年。由此可知，水则碑不仅是观测水位所用的标尺，而且是历年最高洪水位的原始记录。从水则碑我们可知宋代为统计汛期农田被淹面积，已建立了水位观测制度，这也是我国观测水位直接为农业生产服务的最早记载。

五、案例提问与解析

1. 我国的水文治理自古以来是历代人民关心的头等大事，涉及生产生活的基本安全，我国的水文生态治理主要面临怎样的挑战？

2. 在水文生态治理方面，欧洲国家有着较多的经验积累，如多瑙河的跨国、跨地区治理，我国可以借鉴哪些积极的经验？

3. 请结合"九八抗洪"等历史经验，针对如何提高我国总体的水文治理效度建言献策。

1. 参考答案：水文治理关乎生产生活的基本安全，我国的水文生态治理主要面临理念、方法、资金及跨国合作方面的挑战。我国水文治理与水资源工作面临的挑战当中，首屈一指的问题，就是污染日益严重。随着经济的进一步发展，对水资源的需求只会越来越多，标准也越来越高。水污染现在从地表转到地下、从上游扩散到中下游、从城市扩散到农村，在工业化的进程当中，有很多高污染、高能耗的产业，都需要各个部门、各个环节的通力配合加以治理。水资源的分布在不同的地区之间是不平衡的，这种巨大的差异带来了资源利用上的不平衡，特别是下游地区，经常会受到一些污染的消极影响，从而带来治理上的挑战。与此同时，过度开采水资源等，也都在不同程度上为我国的水文治理带来挑战，要求我们在政策的制定、科技与资金的投入等方面都更进一步。

2. 参考答案：多瑙河位于欧洲东南部，跨越诸多主要的欧洲国家。多瑙河的治理最值得借鉴的地方就是通过国际公约、行动计划或者政府施策，为相应的水污染治理问题提供法律和制度保障。在我国内部也可以通过制定一些法律法规，形成一种治理上的合力与协力，对于关键性问题的合作，可以进一步明确上下游各个不同利益方的权利和义务，依靠互相间的战略信任与战略合作协同推进综合治理。随着多方合作管理机制的不断完善，在水文流域治理方面达到事半功倍的效果。

3. 参考答案：在我国，"党政军民学，东西南北中，党是领导一切的"。根据这一理念，能够看到在"九八抗洪"以及其他的历史紧要关头，中国共产党集中力量办大事的能力，是其最根本的力量之一。依托各级政府和党组织的力量，动员广大的人民群众特别是青年一代，提升对于水文治理问题的科学认知，组织相应的学习与实践活动，让每个人都参与到改良水文治理的过程当中。

六、拓展学习资料

【1】许有鹏 . 流域城市化与洪涝风险［M］. 南京：东南大学出版社，2012.

【2】张建云，王国庆 . 气候变化对水文水资源影响研究［M］. 北京：科学出版社，2007.

【3】谢平，陈广才，雷红富，等 . 变化环境下地表水资源评价方法［M］. 北京：科学出版社，2009.

【4】刘颖秋 . 干旱灾害对我国社会经济影响研究［M］. 北京：中国水利水电出版社，2005.

案例五　气候变化对陆地生态系统的影响

一、学习要点与概述

◎气候变化与陆地生态系统

随着气候的变化，我们的生态环境也有了各种各样的变化，陆地文明的物种、整个生态系统的作用都发生了巨大的变化。这些现象都将直接或间接地作用于人类文明的发展及人类社会的变迁。气候变化在一些地区造成了旱灾，在一些地区则造成了洪涝灾害，不论是何种气候现象，对人类活动的空间和不同动植物生存的空间，都产生了极大的影响。譬如，我国发生的一些干旱、极寒、洪涝灾害，都深刻影响着人类的生产生活。我国幅员辽阔，从南到北有寒有暖、从西到东有旱有涝，不同的自然景观与不同的政治社会景观的构建与发展，形成了十分重要的互动关系。通过本案例的相关知识概述，能够看到气候变化与陆地生态系统有着最为直接、最为密切的关系。在陆地生态系统发展与相应治理的改善过程中，要动态地对气候变化进行把控，这毫无疑问为相关政策的制定及执行带来一定的挑战与压力。引导学生从陆地生态系统的特征出发，深度理解陆地生态系统的发展对气候变化经济的重要作用。

二、思政案例

动植物生态多样性以及我国成功发射碳监测卫星

神奇的土地孕育神奇的生命，四季变换，生死之间，不仅是自然的法则，更是生命的溯源。《我们诞生在中国》是由美国、中国、英国联合拍摄的，由 SMG 尚世影业、迪士尼自然、北京环球艺动影业联合出品的动物纪录片，由中国导演陆川执导，周迅中文解说。该片于 2016 年 8 月 12 日在中国内地上映。该片以四川大熊猫、三江源雪豹、川金丝猴三个中国独有的野生动物家庭为主线，讲述了动物宝宝各自出生、成长的感人故事。叙事以"春夏秋冬"四季为轮回，以拟人的方法，将熊猫母子丫丫和美美、藏羚羊群体、雪豹达娃母子、金丝猴淘淘家族串联在一起，阐述母子、兄妹、家族之间的情感，以极强的代入感寓教于乐，引发观众的情感共鸣。独具特色的视听表现形式更是国内电影的一种创新。同时在片中，观众可以看到大量的延时拍摄镜头，展现了动物生存的大环境，除此之外还有另一层含义，即时间的流逝，春来花开，借以升华影片的主题——生生不息。

国家公园(National Park)是指由国家批准设立并主导管理，边界清晰，以保护具有国家代表性的大面积自然生态系统为主要目的，实现自然资源科学保护和合理利用的特定陆地或海洋区域。世界自然保护联盟将其定义为大面积自然或近自然区域，用于保护大尺度生态过程及这一区域的物种和生态系统特征，同时提供与其环境和文化相容的科学的、教育的、休闲的和游憩的机会。国家公园是保护区的一种类型，最早源于美国，后被世界大部分国家和地区采用。2017年9月，中共中央办公厅、国务院办公厅印发《建立国家公园体制总体方案》。2019年6月，中共中央办公厅、国务院办公厅印发《关于建立以国家公园为主体的自然保护地体系的指导意见》。建立国家公园体制是党的十八届三中全会提出的重点改革任务之一，是我国生态文明制度建设的重要内容，能够保护自然生态和自然文化遗产的原真性、完整性，对重要生态系统进行更为严格的保护，对珍稀野生动植物进行长效的保护，进而为子孙后代留下宝贵的自然遗产。截至2017年9月27日，有100多个国家建立了国家公园。2021年10月，我国正式设立三江源、大熊猫、东北虎豹、海南热带雨林、武夷山首批5个国家公园。截至2023年，我国共建设10个国家公园，各项工作稳步推进，特别是在生态保护方面，取得新进展。

与此同时，2022年8月4日11时08分，我国在太原卫星发射中心使用长征四号乙遥四十运载火箭，成功将陆地生态系统碳监测卫星及搭载的交通四号卫星和闵行少年星顺利送入预定轨道，发射任务获得圆满成功。陆地生态系统碳监测卫星主要用于陆地生态系统碳监测、陆地生态和资源调查监测、国家重大生态工程监测评价，并为环保、测绘、气象、农业、减灾等领域提供业务支撑和研究服务。这次任务是长征系列运载火箭的第430次飞行①。

高经济价值的农作物产业（如咖啡）在气候变化影响下的新发展路径

简单来说，气候变化会导致原来的咖啡产地不再适合种植咖啡。这可能会导致咖啡产量减少，品质不如以前，或是让人们不得不消耗更多成本来种植。也就是说，消费者将来可能要用更多的钱来买一杯咖啡，而且它还不如过去好喝。温度的上升会对咖啡种植业造成直接影响。以阿拉比卡咖啡（Coffee Arabica）为例，它适宜的温度是18～21℃，如果温度过高，则会使咖

① 我国成功发射陆地生态系统碳监测卫星［EB/OL］.［2023-05-12］. http://www.gov.cn/xin-wen/2022-08/04/content_5704222. htm.

啡果实成熟得太快，导致风味物质累积不足。如果持续暴露于30℃以上的高温，还会对咖啡植株造成明显的伤害。此外，气候变化不仅意味着温度的升高，天气会变得更加极端，病虫害的威胁也会增加。例如，一种叫咖啡果小蠹（Hypothenemus Hampei）的昆虫就在暖化的环境中活得很好，它会给咖啡种植业带来更多威胁。2014年，联合国政府间气候变化专门委员会（IPCC）给出了这样的评估结论：到2050年，气候变化带来的温度上升和降水减少会导致中美洲适宜种植咖啡的区域减少38%～89%，并导致咖啡种植的适宜海拔高度从600米上升到1000米左右。《自然·植物》又有一项新的研究报告出炉，研究者指出，咖啡的另一大重要产地埃塞俄比亚也受到气候变化的显著影响。他们计算发现，按目前状况，39%～59%的种植地区将会因为气候变化而不再适合种植咖啡。

英国皇家植物园的科学家认为，利比里亚咖啡（曾被评为贸易量第二大的咖啡作物品种）可重新兴起，在变暖的气候条件下维持咖啡生产。咖啡需求持续增长，全球出口在过去约30年里增长了大约75%。咖啡生产如今依赖两类咖啡，即阿拉比卡和罗布斯塔，分别占全球产量的55%和45%。因咖啡种植区干旱而加剧或直接导致的咖啡储量短缺，在气候变化导致的极端天气条件下，可能进一步恶化。有三种方法帮助咖啡种植适应变化的气候：将咖啡生产转移到更适宜的区域、调整咖啡种植方法或开发更适应未来气候条件的咖啡作物。改变作物类型有可能是破坏最小、成本效益最高的办法，如利比里亚种的咖啡曾在19世纪后半叶广泛生长，因为它高产、抗病虫害，能在阿拉比卡无法适应的温暖低地生长。然而在20世纪初，因为其品质不稳定，以及风味和盈利能力等问题，人们对这种咖啡失去了兴趣①。

在马德里召开的联合国气候变化大会分析了人们经常忽视却是气候变化最严重的附带伤害之一，即基本的自然资源将走向枯竭。西班牙《消息报》网站2019年12月5日报道，除了香蕉由于全球变暖而面临灭绝的危险，咖啡也是一种可能在未来几十年内消失的资源。事实上，温度不断上升（可能会比现在高3℃）是咖啡种植园面临的主要威胁。报道称，这一警告来自英国，

---

① 气候变化影响喝咖啡吗？[EB/OL].[2023-05-06]. https://t.ynet.cn/baijia/33732525. html.

当地农民因一直以来价格低廉的咖啡树价格上涨而放弃种植咖啡。正如英国《每日邮报》一篇文章所指出的，价格上涨的原因是咖啡植株在不断减少，因此专家已经要求企业增加投资来帮助第三国的咖啡种植者购买新的工具和植株，从而让他们继续种植咖啡。从这个角度来说，极端气候现象导致的温度、湿度上升和市场价格上涨已经迫使咖啡生产商寻求其他创收方式。例如，秘鲁正在组建大型的食品合作社（包括咖啡在内的多种产品）来谈判价格，并将收入的10%直接分配给生产商，帮助其适应新的市场现状。与此同时，病虫害导致咖啡豆体积缩小和质量下降，其中最大的威胁是困扰咖啡农一个多世纪的咖啡锈病，患病植株的叶子受到刮擦会产生类似氧化铁的细小棕色粉末。这种由咖啡驼孢锈菌引发的疾病还会将叶子的颜色从鲜绿色变为棕黄色，最终使患病植株失去所有叶子，无法结豆。报道称，如果不能及时发现这种病害，可能会造成严重后果。例如，在19世纪末，斯里兰卡、菲律宾和其他东南亚国家是世界主要的咖啡出口国，但是由于咖啡锈病的侵害，这些国家的咖啡豆产量在接下来几十年严重下降。有趣的是，一些历史学家将咖啡产业不景气的部分原因归咎于英国人现在更喜欢喝茶，咖啡不再盈利，斯里兰卡转而生产茶叶。如今，种植阿拉比卡咖啡豆的农民正在放弃这一世界上最畅销的咖啡品种，转而种植甘蔗等作物。还有一些农民被迫在海拔更高和温度更低的农田种植这种脆弱的咖啡品种，因为年平均温度的升高导致大面积的土地不再适合种植咖啡。此外，报道显示荒漠化的问题也日趋严重。专家担心，到2050年，全世界目前用于种植咖啡的土地有一半以上可能不再适合种植。同时，全球森林和绿地的消失将进一步破坏对维持湿地极为重要的生态系统，这一恶性循环最终将导致土地荒芜和贫瘠。英国一项研究指出，农民种植新品种可能导致咖啡质量下降，产量下降则会导致价格上涨，"因为如果目前50%用于种植咖啡的土地到2050年不再适合种植，且咖啡农正在放弃咖啡园，那么咖啡产量肯定不够"。①

① 西媒：受气候变化影响咖啡可能在30年内消失［EB/OL］.［2023-05-05］. https://www. cma. gov. cn/kppd/kppdqxwq/kppdqwys/201912/t20191212_542384. html.

三、教学设计

1. 混合式教学法

结合本地生态系统的特征，采取线上线下、教学实践、考查考试、讲授反馈等二元辩证的混合式教学方法。混合式教学的方法，旨在让学生更直观、更直接地体会陆地生态文明发展的特征，而且最为重要的是能够使学生们更全方位、多维度地认识教学过程的特征，并且结合不同的自身状况，不断完善对于教学方式的认知，大胆地将传统与现代的教学方式结合起来，引导学生由浅入深地进行学习。

混合式教学不单是指要依靠一些在线的网络数字化资源而已，而是强调有机、有效地提升学生学习的兴趣以及最终学习的深度与效度。一些传统的教学方法，如板书、提问以及书面作业都可以隶属混合式教学法。与此同时，混合式教学法也应当关注多元维度和内容，做到科学、有机地组织不同资源，将线上的教学资源、线下的教学活动两条线索灵活利用，有机地进行整合。

2. 文化共情教学法

下好文化先手棋，打造文化自信，助力生态治理的相关科技发展。文化自信、科技发展都是我们希望最终能够达成的目标，不断通过实际案例，让学生达成文化上的共情是重要路径。如此一来，学生对知识点的接受与吸纳，以及对相关治理逻辑的把握也会更加自然与深刻。在产生与之相对应的积极认可之后，通过实践将其转化为现实也变得自然而然。2021 年，云南一批大象徒步北上，引起了全国人民的关注，这种极大的人文关怀与保护意识，就是非常鲜明的一个积极案例。

3. 田野调查法

田野调查法又称实地调查或者现场研究法，是一个比较典型的人类学调查研究方法。历史学、人类学、民族学运用该方法进行直接的数据收集、实证考察。近年来，在一些交叉学科的维度，田野调查乘着调查研究的东风，更加受到重视，如生态学、地理科学、环境科学等学科的田野调查，能够让我们更为自然地接近第一手的数据与资料，用脚步丈量中国大地，从而在新时代发挥其积极作用。

课程思政的要素同样十分提倡一些社会学、人类学的研究方法，并将其融入政策解读等教学相关维度。田野调查还能够使我们走出象牙塔，激发师生的问题意识，以问题为导向，不断地探寻如何能够夯实所学知识与增强爱国主义情怀。从本土特征出发，到现场或者云游现场，通过田野调查的方法获得一手的经验数据并进行量化分析，学生学习到的知识更加具有说服力。如果有条件，可以直接带领学生到实践教学现场切身感受，以更好地完成设定的教学目标，让学生更多地从乡土情怀出发，了解社会运转、政治发展、行政治理的实际过程，并且通过多媒体的学习方法，让学生的学习经历更加多元丰富。在参与调查研究的过程当中，田野调查法既考验观察力，又考验判断力和想象力，通过多媒体的技术手段进行记录，把整合出来的数据和素材灵活形象地运用在教学以及考核的过程当中，有助于教学目标的实现。

4. 乡土情怀培育法

乡土情怀培育法，或称情怀培育法，这是学科思政教学可以挖掘的非常具有潜力的教学方向。气候变化经济学作为交叉学科特征极为突出的一门课程，情怀培育是思政教学的一个重要目标。虽然知识素养是核心素养的首要组成部分，但是还需要赋予知识以温度，赋予学生以感知力。乡土情怀的培育体现出浓厚的人文关怀色彩，符合社会主义核心价值观体系的内在要求，并且也符合明史、知今、见未来的教学理念。广大师生可以通过感知乡土情怀，从案例出发，对比国产咖啡与外国咖啡的差距，通过观看一些纪录片感知经济作物行业，在气候变化的时代洪流之下面临的危与机。通过具体知识的学习，让学生能够更自然地接受客观知识，再将其转化为自身行动，改变自身行为习惯，提升情怀素养，这也是课程思政终极的教学目的之一。

四、案例思考与评析

我国幅员辽阔，物种繁多，保护好我国的陆地生态系统和自然资源，就握住了可持续发展的金钥匙。我国有着极具特色的一些物种，在近些年也积极参照了其他国家的一些做法，不断地完善、发展我国的物种体系。通过调动传统与现代、单一与综合等手段与方法，跨越时空维度全方位地保护陆地生态系统的生物多样性，不断地在产学研等实践过程中提升保护陆地生态系统的意识与能力。

随着经济全球化的不断深入发展，各个国家的民众往往对于有价值的生活方式、有价值的产品的认同高度趋同。世界上很多产业的资源都是总量恒定有限的，气候变化随之带来了各种各样的考验。文中列举的咖啡经济作物案例正说明了这些观点，随着咖啡文化在全球范围内普及，对于咖啡的经济需求增加，不只是咖啡，包括深海的一些鱼类，如三文鱼、吞拿鱼等，当人们的消费习惯发生改变的时候，相应的社会需求、经济发展需求都需要随之调整。

气候变化影响之下，如何进行治理，从而满足人民对于美好生活的向往和追求，并且解决不平衡、不充分、不科学的发展问题，就变得至关重要。从思想政治情怀的角度出发，嵌入感情要素，形成催化效应也格外重要。本案例的内容除了教会大家正确地认识气候变化对于不同产业的影响，更重要的是引导学生学会利用所学、所知、所想解决现实问题。所有与地理条件相关的重要农业经济作物的种植，看似是地理科学的问题，实则是人治法治的问题，需要每个国家内部及国家之间达成更多共识，做到既满足人民群众生产生活的需求，又能够从宏观上改善气候变化治理。本案例最大的启发就是人类文明都是随着思想上的解放带来行动上的改变，进而深刻地构建经济格局和社会现状，发展带来的成果与挑战，反过来又进一步促进人类的思考及改善相应的行动。

五、案例提问与解析

1. 如何利用科技手段更体系化地支持陆地生态资源的保护？

2. 许多国家为了保护本土的生物多样性和生态稳定性，制定了较为严格的政策，对我国的相关部门治理有哪些启示？

3. 气候变化特别是全球变暖给许多发展中国家和地区的支柱型经济产业带来巨大影响，如何提升相关的国际合作质量以解决这一挑战？

4. 如何带动不同主体（国际组织、国家政府、产业、企业、从业者等）有机应对气候变化带来的经济发展挑战，从而形成良好的协同效应？

5. 从总体国家安全观的视角出发，如何保证支柱产业的可持续发展并开拓绿色产业工具助力其发展？

1. 参考答案：对陆地生态资源的保护离不开科技手段。从太空探索到卫星通信，从气象监测到科学防护，科技手段对保护陆地生态资源发挥着重要作用。科学运用科技手段，有助于陆地生态资源的开发、利用、回收、循环，如卫星通信系统对亚马逊森林的生态平衡维护起到关键作用。

2. 参考答案：许多国家为了保护本土的生物多样性，在入境流程当中，都增加了较为严格的检验措施。我国的相关部门可以参考和借鉴相关措施，不能让入境人员随身携带、输入一些会危害本土生态平衡的新物种，特别是一些有害物种，并通过立法将此上升为国家意志。澳大利亚具有独特的地理位置，它的生物多样性十分突出。然而，由于人类活动带来的入侵物种增多，森林砍伐及过度开垦等，澳大利亚成为全球生物多样性减少最严重的七个国家之一，仅次于印度尼西亚，位列世界第二。近年来，澳大利亚政府出台制定了相关的法律并建立保护机制，为了能够维持生态平衡，保证物种的丰富性，包括动植物生态环境的平稳性，国家自上而下建构出非常多的行动方案，又自下而上依靠民众的配合践行这些方案。

3. 参考答案：众所周知，气候变化对许多发展中国家和地区有着比较严峻的影响，甚至可以说是威胁。发展中国家谋发展的同时还面临诸多现代化发展任务，应当说在气候变化特别是全球变暖现象面前困难重重。相关的国际合作应当在《联合国气候变化框架公约》(UNFCCC)的框架之下，界定、衡量、约束、决定最后行动的路线。一些产业的专门性学术会议、政策制定会议、听证会议，还有城市、乡村等气候变化治理主体都可以加入，而不是一切都要单向度地依靠国家层面的政策制定和治理。通过这一方法，可以在很大程度上提升相关的国际合作质量。除了在《联合国气候变化框架公约》之下，还应依靠多元的层级治理机构的发展，通过纵横的关系、层级的跨越等多向度的治理应对全球气候变化现象带来的挑战，扭转局势、化危为机。

4. 参考答案：带动不同层级的治理主体的参与积极性，克服气候变化带来的经济发展挑战，从而形成良好的协同效应。首先，顶层制度的构建。不论是在立法、签约、联合声明、行动计划、重大倡议等方面，还是在各种不同的场合、不同的平台等方面，不断地通过多元化、体系化的方式，以问题为导向解决国家、产业、企业的治理难题。其次，自下而上地改变人们的观点，改造人们的行动，从而提升人们对于气候变化顶层制度的理解力和执行力，上下联动、内外互通，才能够形成良好的气候变化治理效能。最后，根据不同的气候变化议题，应当科学判断、重点施策，而非使用蛮力，全面调动各种各样的资源，要具有针对性，兼具时代的判断力和历史的想象力，才能够制定出科学的、体系化的、高效的政策。

5. 参考答案：从总体国家安全观的视角出发，气候变化事业以及相应的绿色产业，应当做到走进支柱型产业、支柱型经济板块，助力器式地进行发展，而不是落入一种割裂隔离、彼此互不相干的窠臼。很多气候变化的问题，看似影响的是第一产业、第二产业、第三产业等，实则对于国家的总体安全都有着十分重大的影响，所以要高度重视气候安全，科学认知气候变化。许多重要的国际会议在经过国家之间的协商、专家团队之间的互相咨询后，形成了高度凝练的综合评估报告或相应的官方文件。近百年以来，全球气候变化十分显著，对自然生态系统和人类社会产生了广泛的影响。

20世纪中叶以来，极端天气气候事件的强度和频率发生明显变化，极端暖事件增多，极端冷事件减少；欧洲、亚洲、澳大利亚等地热浪发生频率更高；陆地区域的强降水事件增加，欧洲南部和非洲西部干旱强度更强、持续更长；热带气旋的强度、频率和持续时间存在长期增加趋势。第一产业的农作物产量发生变化，很多生物种类也改变了他们的生活习性和迁徙模式，在这当中人为的要素扮演非常重要的角色，我们需要一种共同安全观。自工业化时代以来，在经济和人口增长的驱动下，人为温室气体的排放在不断上升，如果我们不改变基本的生产生活方式，环境还会持续不断地恶化，从集体安全观出发，合作减排才是正道。粮食安全、水资源安全、生态安全、环境安全、能源安全、重大工程安全、经济安全都与气候变化息息相关。虽然我国正处于经济转型期，仍旧是最大的发展中国家，但是我们已在国家层面制定出应对气候变化的法律法规，正在奋力实现中国式现代化，相信这样的探索必将获得建构性成果，保障我国经济发展和社会稳定。

六、拓展学习资料

【1】李建平，张翼，罗叙，等．荒漠草原生态系统对气候变化的生态响应：以宁夏盐池荒漠草原为例［M］．银川：宁夏人民出版社，2021．

【2】刘任涛．土壤动物生态学研究方法：实验设计、数据处理与论文写作［M］．北京：科学出版社，2016．

【3】周广胜．全球碳循环［M］．北京：气象出版社，2003．

【4】周力，周应恒．粮食安全：气候变化与粮食产地转移［J］．中国人口·资源与环境，2011，21（7）：162-168．

【5】周曙东，周文魁，朱红根，等．气候变化对农业的影响及应对措施［J］．南京农业大学学报（社会科学版），2010，10（1）：34-39．

【6】陈怀亮，李树岩．气候变暖背景下河南省夏玉米花期高温灾害风险预估［J］．中国生态农业学报（中英文），2020，28（3）：337-348．

【7】刘璐，郭梁，王景红，等．中国北方苹果主产地苹果物候期对气候变暖的响应［J］．应用生态学报，2020，21（3）：845-852．

案例六　气候变化对海洋生态系统的影响

一、学习要点与概述

◎气候变化与海洋生态系统

通过对海洋生态系统的了解，进一步认知气候变化对海洋生态系统有着怎样的影响，这些影响又将如何间接影响生活在陆地上的人类。沿海地区往往是经济活动比较活跃、经济较为发达的地区。随着海洋生态系统的改变，许多沿海地区也在经历着各种各样的自然环境变迁，这些毫无疑问都会给人类的生产生活、娱乐活动带来十分巨大的影响，有些不利影响甚至急速恶化，这需要我们认知、把握相关规律，最终做到有的放矢地制定政策、采取行动。

许多沿海地区受生态气候系统变化的影响，面临潮汐抬高、海岸带侵蚀加剧、海水倒灌、淡水资源不足、海平面上升等不利影响。海平面上升对于海岸海堤、海岸沙丘的影响很大，对沿海地区靠出海打鱼为生的渔民的影响更大。发展中国家的低纬度和热带海岸地区的人口压力特别大，随着土地盐碱化淹没低海拔地区，加之对海岸带的侵蚀，当地的劳动力人口结构将发生巨大转变。在一些高纬度的沿海地带，随着全球气候变暖，永久冻土面临着融化，地面冰面将逐渐减少，这些都对当地的自然地理景观与相应的人类生产生活产生非常巨大的影响。

海平面的上升、气温变高、风暴频繁等沿海生态系统的细微转变，包括海底珊瑚礁、暗礁、岩藻等水生植物面临的生存危机，都受到各种各样的气候变化的影响。海水的化学组成、宏观的海洋生态的变化，将改变一些海中生物的分布和性质。人类活动也将面临重大调整，一些物种被迫迁移，甚至是濒临灭绝，人口将由于土地流失而被迫迁移。

二、思政案例

气候变化导致海平面上升与正在消逝的北极冰川

欧洲科学界曾经发表过一项研究报告，1994～2017年，地球上已有28万亿吨的冰晶融化，这相当于整个英国大小的100米厚的冰块消失了，而把这些冰块平铺在中国960万平方千米的陆地上，足有2.9米的厚度。这足以见得，冰川融化对世界各国将会带来巨大影响。调查资料显示，在冰川融化的瞬间，全球海平面会急剧上升68米以上，与此同时，众多沿海城市将被完全淹没。除此之外，还有详细数据显示，一旦冰川融化1个小时，大气热平衡将遭到破坏，气候随之开始变化；在冰川融化1天之后，上升的海水侵入陆地，将会有5.9亿人就此无家可归，只能举家搬迁到内陆寻求生存空间①。

海洋是公认的地球最大体量的碳库，固碳能力是陆地生态系统的20倍，中国具有漫长的海岸线和丰沛的水体资源，可大力发展海洋养殖、远洋渔业等业态，积极创造海洋碳汇和渔业碳汇，使养殖业找到低成本、高效率的可行路径，尽快达成碳中和。

其中，蓝碳产业值得先行先试，在认真发掘产业链各环节碳减排机遇的同时，国内学者将视线转向了广袤无垠的海洋。中国科学院院士焦念志表示："海洋是地球系统中最大的碳库，海洋碳库是大气的50倍，陆地生态系统的20倍。海洋中95%的有机碳是溶解有机碳，储碳周期约5000年。海洋渔业生产活动可以促进水生生物吸收水体中的二氧化碳，并通过收获海产品把碳移出水体形成负排放效果。海洋碳汇与森林碳汇相比，储碳量更大，储存时间更长，而且有不占土地资源、投入产出比碳汇林更经济的优点。"焦念志还表示，中国有漫长的海岸线和丰沛的海洋水体资源，中国也是海产养殖大国，养殖面积和产量均居世界首位。随着现代立体养殖、深远海养殖等关

· ① 地球这是想干啥？28万亿吨冰已经融化，专家：可直接覆盖整个英国[EB/OL].［2023-05-06].https://www.163.com/dy/article/I1Q3TSPB0553V8T2.html.

键技术的突破，广阔海域具有了巨大的空间潜力。通过筛选高效良种，中国可以构建海洋碳汇可持续增长模式，蓝碳产业未来可期。海洋贝藻等养殖可以将碳移除、再利用或储存，根据特有的产业模式，探索发展碳汇渔业，践行低碳环保理念。值得一提的是，早在 2011 年，我国的獐子岛就已经测算出海洋贝类生物具有固碳能力，一只海洋贝类动物在全生命周期中能固定 30 多克的有机碳，其固碳效果和固碳速度均优于植树造林。国际和国内学术界普遍认为海洋存在巨大的生物碳泵，以浮游生物—藻类生物—贝类生物—甲壳类生物—鱼类共同构成这一巨大而精巧的生物碳泵，可从空气中捕获并固定数量巨大的二氧化碳。从这一生物链条来看，人工造礁、贝类养殖、虾蟹养殖、鱼类养殖都能贡献净碳汇。其中，人工造礁不仅能修复近海生态，更有"海底植树造林"的美誉，目前只是缺少权威的碳汇统计手段和碳汇计算方法。现在水下探测手段和观测装备很多，已有大量企业从事水下摄像头和水下机器人的开发生产。人工造礁位置相对固定，海洋生物附着生长状态可随时记录对比，其碳汇计算方法可比照碳汇林。国家有关部门和相关企业可以对人工造礁的净碳汇进行先行先试，着手破题，帮助中国的蓝碳产业顺利起航。事实上，早在 2010 年，国内的一些企业就已开始研发湿地挖机及水上挖机，其中湿地挖机采用大浮力专利技术，可在陆地、沼泽软地面及浅水区域作业。湿地挖机及水上挖机均有严格的防水措施，可以直接开进水里进行工程建设。我国东南部地区有漫长曲折的海岸线，适合进行人工造礁、红树林种植、近海湿地建设，这具有巨大的潜在实用效能与商业价值。

三、教学设计

1. 模型构建教学法

模型构建教学法原本是自然科学研究当中一种常见的教学方法，是通过研究模型来揭示形态特征及其本质的一种特有的逻辑方法。在一些学科如生物学、物理学的教学过程当中，都有自己的模型，通过套用这些模型加深理解，能够更好地解释现实生活当中发生的许多自然现象，模型构建教学法最突出的优点是直观化、形象化。学生发挥各自的创造潜能，为教师的创造性教学也留足空间。

当然建模的过程是需要耗费一定时间的，构建模型之后，以知识点的充实与丰富带动对于模型的有效学习。只有对建构的模型有深度的了解，才能够真正做到融入式演绎，真正理解其中各种元素的关系。构建一些抽象的模型，既是我们学习的一种重要方法与手段，在很多时候又是我们学习的目的。

通过构建、学习、演绎、检验的过程，模型构建教学法有助于学习非常原初的知识内容并形成问题意识。模型教学方法的优点是能够比较立体丰富、系统完备地显示结构特征，显示各个关键环节的起承转合关系，使我们能深刻、形象、生动地了解海洋生态系统的变化过程，以及不同模块之间的关系。

对于合理的地方，我们可以多加借鉴，深入思考；对于不合理的地方，我们可以拆卸重组模型。然而模型是仿真的，并不是作为全过程的替代物，因此带有一种非真实性的特征，细微之处可能无法关照到方方面面。课程的导入有着各种各样的方式，最重要的是为学生建构模型，能够让他们在开始学习之前有一个比较直观、总括式的认知，学生思维的激发与鼓励，往往是从疑问开始的。要积极利用教具、教法及创新思维诱导学生提出问题，既可以通过板书呈现，又可以通过各种各样的多媒体形式，模型本身就能够突出教学重点，简约化、形象化地阐明观点，生动、形象、逼真地显示出教学重点。在构建模型的初期，对于还未完全学习过的学生而言，不容易掌握教学的真正关键节点，而突破教学难点的途径之一，就是用模型化思考的思维方式，不断地引导学生反思评估教学方法。

2. 反思评估教学法

心理学上的一些具体教法与手段，能够使学生具备忧患意识、底线思维，从人类命运共同体的高度促使学生进行思考。也就是说，不仅通过模型的变化与发展研究客观上的、气象上的、地理上的问题，而且能够从具有价值承载、共情作用的政治维度出发，从政策制定维度、国民认同维度、国民心理发展维度激发学生的反思意识。通过这种反思评估的方法，使学生运用客观知识点指导实践，以及最终提升与升华实践质量。反思评估教学法，真正将学生作为学习的主体与中心，更好地激发学生的学习动机与学习能动性，较好地达成教学目标。与此同时，对于教师及教师团队而言，竞争性评估对课程设计和评估的真实性也有影响，最终的教学目的是提升学生的反思能力和自主学习能力。

四、案例思考与评析

本案例探讨全球气候变暖对于海洋生态系统的影响，并将探讨的范围扩展到海洋蓝碳产业，进行了多维度的比较。众所周知，海洋生态对人类的生存发展具有举足轻重的作用，海洋占据了地球的大部分面积，所以了解海洋、关爱海洋，是我们进行生态平衡发展模式探索的重要环节。研究海洋碳汇、固碳减排、蓝碳等有着十分重要的作用，因此本案例的主旨是教会我们通过思考、比较、践行，以及最终结果的产出，形成自己的看法，并且最终能够激励正向行动。

五、案例提问与解析

1. 根据案例，请结合我国沿海地区发展的情况，谈一谈我国在海洋资源利用和开发方面可以利用的资源与应当承担的责任。

2. 海平面上升对于许多国家和地区的影响是直接的，甚至是毁灭性的，请结合所学知识谈一谈国际社会可以协力施行的相关政策与措施。

3. 案例中海洋"蓝碳产业"的开发对陆地资源的可持续性发展有怎样的启示？

1. 参考答案：我国有着漫长的海岸线，而且沿海地区的发展比较领先。1956 年，毛泽东发表《论十大关系》，其中论述了沿海工业和内地工业的关系。我们可以依靠各种各样的科技手段，对海岸线、土地盐碱化进行改良与改造。在海洋资源本身的利用方面，我们有丰富的海洋资源，可以开发利用这些资源，同时要根据《京都议定书》《巴黎协定》，明确我们应当承担的责任，不断完善相关的措施，最终改善生态系统。

2. 参考答案：针对海平面上升的现象，各方需要通力合作。以《联合国气候变化框架公约》为蓝本和出发点，不断地细化完善国际社会可以实施的相关政策与措施，这一过程中最重要的就是信任和商谈，通过信任和商谈能够塑造行动的意志，并针对治理效果达成一致性评估。与此同时，借助联合国的平台，对于一些面临生存危机的地区进行人力、物力、财力上的援助。

3. 参考答案：气候变化治理相关产业的开发，对陆地资源的可持续性发展有着十分重要的启示意义。在管理学当中，所谓的蓝海市场概念，对于人们进行气候变化的治理，有着非常重要的引领作用。在陆地、海洋进行的"植树造林绿化"，有利于固碳减排，可以满足更多的生态需求。气候变化，对于经济发展既有危又有机，我们要学会化危为机。总而言之，要实现可持续发展，一定要挖掘新的发展点，并且迅速对接新的科学技术手段与发展理念模式，唯有如此，才能够打造更好的陆地生态系统，实现可持续性发展。

六、拓展学习资源

【1】温泉，陈少波，[意]亚历山德罗·贝蒂. 沿海生态系统适应气候变化实践[M]. 北京：海洋出版社，2018.

【2】赵卫. 自然保护区气候变化风险及管理[M]. 北京：中国环境出版集团，2020.

【3】李海棠. 碳中和背景下海岸带蓝色碳汇交易法律问题研究[M]. 上海：上海社会科学院出版社，2022.

案例七　气候变化对第一产业的影响

一、学习要点与概述

◎气候变化对农业、畜牧业、渔业、林业和粮食安全的影响

气候变化对农业、畜牧业、渔业、林业和粮食安全的影响，在不同的作

物种类、土壤条件和本土环境下有所不同。例如，在热带、亚热带，一些作物的粮食产量就受到了气温升高的负面影响。与此同时，气候变化对海洋生态系统的渔业生产也产生深远影响。事实上，气候变化对农业、畜牧业、渔业的产品质量都有多元的消极影响。许多地区如非洲大陆经历粮食短缺的状况，加剧了当地的人道主义危机，因此气候变化与社会治理问题有着千丝万缕的联系。除此之外，粮食安全同样也是亚洲地区最为关心的问题。

二、思政案例

第一产业特别是畜牧业的发展与温室气体的排放

全球变暖是地球上所有生物共同面临的最大威胁，二氧化碳、甲烷等温室气体吸收了大气层中的热量，造成地球表层温度升高。国际环保组织野生救援在《为明天而食：中国如何通过"拣食"减缓气候变化》中指出，温室气体最主要的来源是畜牧业。数据显示，牲畜产生的温室气体占全球温室气体总量的14.5%以上，超过地球上所有交通工具的排放总和。报告指出，畜牧业生产的全过程都会排放温室气体，39%来自牲畜的肠道发酵，即从牛、羊胃肠道内排出的温室气体；生产饲料和改变土地用途所排放的温室气体位列第二，占30%。另外，不同牲畜的温室气体排放量也不尽相同。在畜牧业自身的温室气体排放量中，牛羊等大型反刍动物占绝对主导地位，全球14亿头牛的排放量占畜牧业总排放量的66%，而600亿只鸡的排放仅占10%。究其原因，鸡的胃肠道排气更少，食物转化效率更高，占用的土地也更少。我国已成为全球肉类消费第一大国，消费了全球28%的肉类和乳制品，以及全球50%的猪肉。根据中国肉类协会2015年的统计数据，我国人均肉类消费量是63千克/年，比1978年增长了6倍；预计到2030年，将在现有基础上人均增加近30千克。与此同时，到2030年，中国因肉类消费而产生的温室气体排放量将增长50%以上。早在2013年，联合国粮食及农业组织就发表了《通过畜牧业解决气候变化问题：排放与减排机遇全球评估》的报告。该报告表明，与畜牧业供应链相关的温室气体年排放量总计71亿吨二氧化碳当量，占人类造成的温室气体总排放量的 14.5%。该报告同时表示，通过更广泛地采用规范管理和先进技术，畜牧业的温室气体减排可高达 30%。这意味着，养殖业不仅拥有体量巨大的碳排放量，同时也拥有较大的碳减排潜力可以挖掘[①]。

养殖业由于散养户居多、养殖规模随意性大，往往采取"统计加估计"的方式，导致难以掌握养殖业的碳排放数据，难以对症下药、精准施策。有券商分析师认为，对大型养殖企业增加碳税、推行碳排放权许可证并不合理，会减弱其面对散养户的竞争优势，同时减缓产能向头部集中的速度。然而，在千难万难的局面下，一些国内的养殖企业已经行动起来，使用饲料减量、集中养殖、无害处理、有机堆肥等多种方式，尝试碳循环模式并探索养殖业碳减排的有效路径。

国家应对气候变化战略研究和国际合作中心表示，工业和运输业进行能源转型的重要性已被全世界认可，但畜牧业相关减排没得到足够重视。众所周知，交通、能源和工业减排需要建设新的基础设施，甚至是开发新技术，相比之下，畜牧业减排所需要的投入则要少得多。2015 年底，英国查塔姆研究所和美国约翰·霍普金斯大学发布的两份研究报告均指出：如不改变饮食结构，则全球平均气温的上升控制在 2℃ 以内（与 19 世纪前工业化时期相比）的目标将难以实现。杨月欣介绍，中国营养学会修订完成《中国居民膳食指南（2016）》，该指南指出健康饮食结构的人均食肉量应为 40～75 克/日，即 14.6～27.4 千克/年。该指南还建议，以 2015 年我国人口数和排放量计算，当年可减排 6.75 亿吨二氧化碳当量，相当于中国农业温室气体排放减少 81%，全球农业温室气体排放减少 12%。李俊峰说："应对气候变化，需要科学家的判断、政治家的决策、企业家的力量以及全社会的行动，一起转变消费模式。"[②]和石元春院士提出的观点一样，农林碳中和工程乃国之重器，

① 养殖业的碳减排：开头肯定艰难 未来一定美好[EB/OL].［2023-05-07]. https://baijiahao.baidu.com/s? id=1695527538574259818&wfr=spider&for=pc.

② 畜牧业成温室气体主要来源 专家建议适当少吃牛羊肉[EB/OL].［2023-05-08］. http://health.people.com.cn/n1/2017/0117/c14739-29028408.html.

农林渔具有巨大的碳汇潜力。①

三、教学设计

1. 跨学科教学法

通过对学生核心素养的打造，使不同的学科知识围绕着气候变化经济学课程的主线发挥作用，助力学生逐步形成正确的价值观，最终锻造出跨学科的学习能力。跨学科教学法能够使学生更加生动形象地了解温室气体、温室效应，以及在这一过程中最为关键的人的作用。这种打破学科边界的做法，避免了分散教学的狭隘性，将重点放在全人培养的理念方面。

另外，整个教学过程以概念驱动为本，以点带线、以线带面，将全人类的发展作为终极的教学目标，让学生自主探究。不拘束于任何学科的狭隘描述，而是综合判断大局，超越单一学科界限，对于学生和教师而言，都是学习能力的潜在挑战，有统有整地促进教学方法的形成。跨学科教学法需要学生热情好学，并能够展开丰富的想象力，将看似不相关的一些学科知识串成一条线。通过人文关怀，更加生动地阐释政治理论，自然地落实方法，最终助益产出。

2. 现场教学法

不同的地区有不同的地形，我们常说靠山吃山、靠水吃水，根据不同的地形可以设计较为丰富的实践教学场景，自如切换这些教学场景。现场教学有助于发挥学生的感知力。我们还应当充分发挥学生的主体作用，组织学生在现场学习，让学生发挥主导作用。通过调查考察、实际操作，能够丰富学生的感性认知，在做中学，通过客观实在的经历丰富学生的认知，自然而然地在学生的脑海中留下印象。同时，还可以从学生所处的地理环境出发，研究当地温室气体排放及温室效应的发展情况。当教学场景不再只是拘囿于教室时，学生的学习兴趣及参与热情则会更加高涨。应对气候变化，不能只是

---

① 石元春院士：农林碳中和工程乃国之重器[EB/OL].[2023-05-09]. https://www.163.com/dy/article/I0RMBUIT0553SGE5.html.

从书本上汲取知识，更重要的是要学会联系历史、感知当下，甚至预测未来并制定相应的对策。

3. 沉浸式教学法

沉浸式教学法（Immersive Situation of Teaching Method），通过导航式的学习方法模拟现实场景进行沉浸式学习。或通过角色扮演编排短剧，或由教师带动引领场景联想或游戏互动，再或是发明专利教具进行定向的训练，使学生在练中学、在测中学、在习中学，不断地通过练习与测试，达成目标。通过多元资料、多元手段、多元维度的沉浸式教学法，使学生系统地感知温室效应的发生逻辑。

四、案例思考与评析

本案例使我们反思，除了石化燃料等传统温室气体的相关碳排放，我们也要关注和人民生活息息相关的第一产业的碳排放问题。

我们要学会举一反三，在不同的教学场景、不同的学科之间进行转换。通过这样的教学设计，能够促使学生积极地、体系化地构建对低碳生活的反思。如果在思维上能够有更大的转变，那么我们的行动一定会缓解碳排放增加的趋势，并且最终能够分步骤、按阶段、有秩序地实现双碳目标的战略愿景。

五、案例提问与解析

1. 习近平总书记提出的"大食物观"当中，提倡合理健康的膳食文化与观念，请从消费者的角度出发，阐述如何改变消费者膳食习惯及贡献低碳减排。

2. 请从维护粮食安全的视角出发，论述激发人民食物消费积极性与维护国家非传统安全的辩证关系。

3. 习近平总书记在多个场合强调了做强做优做大数字经济的重要性，请联系绿色金融对创新发展农畜林渔相关产品的交易投资事业展开分析。

1. 参考答案：大食物观，是向耕地、草原、森林、海洋中的不同动植物要热量、要营养，全方位地开发食物资源。大食物观的基础是粮食。之前我们说靠山吃山、靠水吃水，现在随着基础设施，特别是交通设施的便捷发展，我们的选择日趋多样化，居民的膳食结构也面临着新一轮的变革与发展。

2022年3月6日，习近平总书记在参加政协农业界、社会福利和社会保障界委员联组会时，提到了"大食物观"，这一概念从此广受关注。在饮食文化方面，我们正在日益接近中国式现代化新标准。人类在长期的历史发展进程当中，从解决生存问题、温饱问题，到现在解决精神层面的问题，标准和要求越来越丰富，这也要求注意人与大自然之间的和谐关系，走中国式现代化道路。

我们对于吃什么、怎么吃、为什么吃，要有更合理、更健康、更前沿、更科学、更可持续的认识，更重要的是落实到行动当中。从消费者的视角出发，如何改善我们的膳食习惯、膳食结构、膳食观点，涉及节能减排事业的相关发展。大食物观其实提倡的是一种先进的、进步的食物观。在科学指导的前提之下，我们要将大食物观的事业同低碳减排联系起来，从而有助于我国环境保护与气候变化治理相关事业的发展。

2. 参考答案：在新的历史时期，国际局势风云变幻，国内发展稳步推进，粮食安全是我国非传统安全非常重要的有机组成部分。全体国人对于食物消费的积极性与维护国家非传统安全的决心，是互补互助、二元统一的关系。只有成功地激发全民爱惜粮食、节约粮食、保护粮食安全的积极性，才能积极有效地将维护粮食安全落到实处。

3. 参考答案：2022~2023年，习近平总书记在多个场合强调了数字经济发展的重要性，数字经济与碳交易、绿色金融、低碳排放机制都有着千丝万缕的关系。在国家支持的时代大背景下，我们可以创新发展，建构性地推进改革农、畜、林、渔相关产品的交易投资事业。例如，在农产品、畜牧产品的拍卖市场当中，大宗的期货交易如果能够有效嵌入数字化绿色金融杠杆，便能够更好地在实体经济与金融杠杆之间形成一种平衡，即在虚拟的数字经济当中，让相关的农畜产品占得一席之地，不断挖掘农、畜、林、渔产品的战略价值与意义。我们不仅要改变人们的观点，改进人们的行为，激发人们的积极性，保障相关事业的安全，更要改进相关的数字经济杠杆，形成点线面相结合的局面，小切口、大格局，最终不断丰富和完善相关产品的交易投资事业。

六、拓展学习资料

【1】习近平. 摆脱贫困[M]. 福州：福建人民出版社，1992.

【2】中国农业大学国家农业农村发展研究院课题组. 全面准确把握大食物观科学内涵[J]. 农村·农业·农民(B版)，2023(2)：5-6.

案例八　气候变化对第二产业的影响

一、学习要点与概述

◎气候变化对能源和工业的影响

全球气温升高将导致制冷能耗的增加和取暖用能的减少，许多国家和地区在气候变化的影响之下，对于能源需求有了更多的结构性调整与改变。与此同时，气候变化对能源供给端也会产生一定的影响，大多数围绕可再生能源进行的开发和利用活动，由于气候变化，将不得不微调与改变。特别是可再生能源的生产条件受到气候变化的影响，要比传统的不可再生能源如化石能源有着更高的不确定性。例如，受到影响较大的水力发电，气候变化反而会使降水量和河流水量增加，使水电行业获益。虽然气候变化并不直接影响第二产业，但是面对一些极端的气候变化现象，许多工业的作业场所要考虑到极端天气带来的重大影响，做好防范措施，未雨绸缪。

气候变化与能源供给是互为循环的逻辑关系，相关研究主要是针对可再生能源如何产生积极的影响。气候变化能够为能源资源事业的发展提供助力，对降水、河流水量的影响非常大，水力发电对我国的电能发展有着根本的影响，这相对来说是比较积极正面的案例。还有一些负面的案例，如气候变化会影响工业系统，特别是依赖自然环境、自然产业进行生产生活的分支与环节，这些产业部门需要抵抗极端天气的不良影响并落实相关的政策措施。绿色低碳要走进工业发展、能源开发，必须清楚气候变化的本质性特征。下面让我们走进本思政案例，看一看我国在产业发展的路径上，如何兼顾生态文明的建设。

二、思政案例

气候变化与极端天气对能源供应产生的风险与挑战

气候变化会对全球能源部门产生重要影响。全球气温升高已是不争的事实，2021 年的全球平均气温比 1850~1900 年工业化前的平均水平高出 1.11 摄氏度(上下浮动 0.13 摄氏度)，2015~2021 年是有记录以来最热的七年；同时伴随全球范围极端天气趋多趋强、海平面上升、北极海冰减少，生态系统正在发生着不可逆变化。气候变化及极端天气是当前人类面临的最具潜在破坏性的风险。减少化石燃料燃烧、减少温室气体排放是减缓气候变化的主要途径，能源部门本身也在遭受气候变化带来的后果，复合型极端天气同时叠加在能源供应和需求两侧造成的能源短缺现象已频繁显现。学界很早已经意识到能源行业在面临气候变化风险时的脆弱性，世界银行、美洲开发银行、亚洲开发银行、欧洲投资银行、经济合作与发展组织(OECD)、亚太经济合作组织(APEC)等，也高度关注气候变化对能源领域的影响，以维护投资安全和战略资源安全。随着全球能源供给端和需求端的气候风险逐渐显著，衡量、评价能源系统气候变化风险与影响，以及适应气候变化逐渐成为国际能源安全领域的研究前沿，并服务于全球能源战略的发展和相关投资资金的流动。

气候条件深刻影响中国能源资源生产、运输、存储、分配及终端需求，能源基础设施和重大工程生命周期长且跨越不同地域，不同的气候、地貌、环境对全球变暖的敏感性差异巨大。2022 年 6 月出台的《国家适应气候变化战略 2035》是对 2013 年《国家适应气候变化战略》的重要更新，对中国能源行业适应气候变化提出明确的要求，面对未来的不同气候情景，能源规划、运行应积极提升适应能力，以显著降低气候风险和不确定性带来的不利影响。

全球变暖会改变冻土、极寒地区油气资源开发的经济可行性，以及工程设施的稳定性。极端天气气候事件直接影响煤田、油田、气田露天生产作业过程和工时、设备及关联设施，降水分布异常会对内陆资源勘探带来冲击。海上平台、风机、油气港口等暴露在风暴潮、台风等强灾害性天气下甚至会导致高净值设备遭到大面积严重损坏，海平面上升和风暴潮侵蚀缩短设备寿命。此外，气温升高还会改变火电的热循环效率增加冷却水需求量。

风、光能源可利用量与相关工程建设极易受气候变暖和极端天气气候事件的影响。风能资源可利用量及其稳定性取决于风功率密度、全球能量平衡及大气活动之间的关系，气候变化影响风场分布、变率，还间接影响植被覆盖引起下垫面粗糙度变化改变垂直风廓线；中国的地表风速呈持续减小的趋势并存在显著的时空差异，未来全球地面风速减弱将更加显著。台风、雷电、冰雹、低温冰冻等季节性和区域性极端天气气候事件直接影响或损坏风电机部件装置。太阳能可利用量由行星尺度的地面太阳辐射量变化决定，气候变化主要通过局地总云量、气溶胶含量、臭氧等影响太阳辐射，总体影响较小；但持续高温、低温导致电力超负荷、光伏组件发电效率下降、太阳能电池寿命缩短，沙尘、雾霾、灰尘严重削弱光伏组件接收日照强度，局部灰尘遮蔽导致的热斑效应会严重影响其安全特性和发电效率。

热浪、寒潮等极端天气气候事件的频率和变化对电力、天然气高峰负荷产生重大影响。气候变暖叠加空调普及率提高使夏季电力高峰负荷持续增加；寒潮影响范围大，采暖季天然气需求呈爆发式增长，而上游供气不足、调峰储气设施与能力有限导致供需矛盾突出；上游中亚进口气源国冬季与华北均处于西伯利亚高压影响范围，与华北用气高峰需求同步，进口气易因寒潮发生欠量加剧供应紧张①。

三、教学设计

PBL 教学法（Problem-Based Learning）是以问题为基础，把学习过程置于复杂的、有意义的案例情境之中，以学生为中心，通过小组讨论和课后自学的形式，让学生自主合作来解决问题，也称基于问题的教学方法。PBL 教学法的突出特色在于培养学生自主学习和终身学习的意识和能力，引导学生通过对案例的设问，预先了解、探究想要解决的问题，通过抽丝剥茧的方式，层层答疑，最终收获答案。

四、案例思考与评析

案例分析了气候变化和极端天气对能源供应和需求的风险和挑战，以及中国能源行业适应气候变化的要求和举措。气候变化不仅影响能源资源的开发、运输、存储和分配，还影响能源基础设施和重大工程的稳定性和安全性，同时改变能源需求的结构和规模。实质上，提高能源行业对气候变化的适应能力和韧性有多种方式。例如，加强能源结构调整和多元化，减少对化石燃料的依赖，提高可再生能源的比重和利用效率，降低碳排放强度。中国在 2021 年启动了全球最大的碳排放权交易市场，覆盖了电力行业超过 20 亿吨二氧化碳的排放量，通过市场机制促进碳排放权的合理配置，激励企业降低碳排放成本和增加清洁能源投入。另外，中国还积极推进风电、光伏等可再生能源的发展，2020 年全国新增风电装机 7167 万千瓦，太阳能发电 4820 万千瓦，风光新增装机之和约为 1.2 亿千瓦②。

综观全球气候变化背景，加强能源需求侧管理，优化能源消费模式，提

---

① 气候变化对能源行业的影响及适应对策［EB/OL］. ［2023-05-09］. https://www.fx361.com/page/2022/1223/13359436.shtml.

② 风电光伏新增装机突然暴涨，高比例新能源电力时代正到来［EB/OL］. ［2023-07-01］. https://baijiahao.baidu.com/s? id=1689389787690168978&wfr=spider&for=pc.

高能源利用效率，减少能源浪费，增加储备容量，对全球能源和工业发展具有重要意义。例如，欧盟发布了《欧洲气候法》，将到2050年实现气候中立作为法律义务，并提出到2030年将温室气体排放削减至55%的目标。为实现这一目标，欧盟将加大对建筑、交通、工业等领域的节能减排措施的支持和推动，并鼓励消费者选择更加环保、节能、低碳的产品和服务。

五、案例提问与解析

1. 气候变化特别是极端天气对全球治理体系产生诸多影响。中国在应对气候变化带来的挑战时，为什么将生态文明建设与高质量发展统筹推进？请结合中国的国情和发展阶段，从经济、社会和环境三个层面进行论述。

2. 中国在应对气候变化方面采取了哪些主要措施和行动？请举例说明，并分析其效果和意义。

1. 参考答案：中国将应对气候变化作为推进生态文明建设、实现高质量发展的重要抓手，是因为这符合中国的国情和发展阶段的要求，也是应对全球气候变化挑战、构建人类命运共同体的必然选择。从经济层面来看，中国是世界上最大的发展中国家，正处于工业化、城镇化快速发展阶段，能源消费和温室气体排放压力较大。应对气候变化的举措有利于促进经济结构优化升级，加快能源生产和消费革命，推动绿色低碳技术创新和产业发展，提高经济生产效率和竞争力。从社会层面来看，中国是一个人口众多、地域广阔、资源环境不平衡的国家，气候变化给人民生活质量和社会稳定带来严重威胁。应对气候变化有利于保障和改善民生，增强人民群众获得感、幸福感、安全感，促进社会公平正义，维护国家安全和社会稳定。从环境层面来看，中国是全球气候变化的敏感区和影响显著区，生态系统脆弱，自然灾害频发多发。应对气候变化有利于保护生态环境，增强生态系统服务功能减少污染物排放和生物多样性损失，实现人与自然和谐共生。

2. 参考答案：中国在应对气候变化方面采取了以下主要措施和行动。

第一，加快推进能源转型。中国大力发展清洁能源，提高非化石能源在一次能源消费中的比重。2019年，我国非化石能源占一次能源消费的比例达15.3%，提前一年完成"十三五"规划目标任务。截至2020年9月底，中东部及南方地区风电装机占全国风电装机容量的比例达31.2%，同比提升1.7个百分点；全国分布式光伏装机占光伏总装机容量的比例达32%，同比提升1.2个百分点。油气进口通道不断完善，"十三五"以来，我国西北、东北、西南和海上四大油气进口通道持续推进①。

第二，加强生态保护和建设。中国实施了一系列生态文明建设工程，如退耕还林、天然林保护、草原生态保护补助奖励等，增加了森林、草原、湿地等生态系统的碳汇能力。截至2023年，我国森林面积达2.31亿公顷，森林覆盖率达24.02%；草地面积达2.65亿公顷，草原综合植被盖度达50.32%②。

以上举措具有重大现实意义，中国应对气候变化的行动有利于推动经济结构优化升级，培育新的发展动能，提高经济效率和竞争力；有利于改善民生福祉，增强人民群众获得感、幸福感、安全感；有利于保护生态环境，增强生态系统服务功能。中国应对气候变化的行动体现了中国作为负责任大国的担当和领导力，展现了中国为构建人类命运共同体而努力奋斗的精神和姿态，赢得了国际社会的广泛赞誉和尊重。

六、拓展学习资料

【1】谭宇生．国际环境争端解决机制研究［D］．南京：河海大学，2005．

【2】武魏楠．北溪管道爆炸，欧洲能源危机会加重吗？［J］．能源，2022(10)：66-67．

---

① 非化石能源占一次能源消费比重超百分之十五［EB/OL］．［2023-06-01］．https://baijiahao.baidu.com/s? id=1687286551859654768&wfr=spider&for=pc.

② 我国森林面积超二点三亿公顷［EB/OL］．［2023-06-04］．https://baijiahao.baidu.com/s? id=1760318302774144412&wfr=spider&for=pc.

案例九 气候变化对第三产业的影响

一、学习要点与概述

◎气候变化对于旅游业、金融保险业等的影响

气候变化对于第三产业的影响很大，如会对一些国家和地区的旅游业造成冲击。随着气温升高，沿海地区的沙滩将被海水淹没，一些珊瑚礁也会遭到破坏，这些地区的旅游业将面临巨大的损失。另外，随着气温的升高，很多山脉的积雪线在不断提高，山地旅游产品的生产也会受到影响，它们的边际利润和市场规模都在不断地压缩。旅游胜地如岛国马尔代夫、斐济，再如滑雪胜地奥地利、法国、瑞士等，它们的度假产业将受到较大的负面影响。

与此同时，气候变化给保险业及一些相关的金融服务产业的发展也带来了机遇与挑战。这些部门可以提供保险、减灾、金融和理财等服务，近年来，由极端恶劣的天气造成的理赔现象呈快速上升的趋势。

二、思政案例

气候变化如何影响中国旅游业及其发展？

德意志银行(Deutsche Bank)最新研究报告显示，从全球来看，中国因旅游总产值在 GDP 中的比例仅为 4%，并且历史文化、观光旅游占主导地位，受气候变化影响相对较小。尽管这种影响有限，但到 2030 年气候变化对旅游业的影响将更加突出，气候变化对中国旅游业的负面影响也将日益彰显。

第一，气候变化引起的自然灾害不确定性增大，冲击旅游业发展。《中

国旅游业"十一五"规划纲要》对此早有预判："旅游产业的发展可能遭遇突发事件的隐患，战争、疾病、灾害等不可抗力因素和突发性事件的发生，可能对旅游产业发展产生不同程度的冲击。"据我国气候变化最新研究进展，21世纪我国将持续明显变暖，极端天气与气候事件发生频率可能增大，一些地方从未发生过的灾害也可能会出现，如2008年初我国南方冰雪灾害等严重影响旅游业可持续发展的风险事件等。

第二，气候变化改变了旅游业赖以生存的基础——旅游资源。《气候变化国家评估报告》指出，在今后50年内，农业、水资源、森林和其他自然生态系统、海岸带与近海生态系统等极易受到气候变化的不利影响，脆弱性、易损性增强，景观规模、完整性与利用范围缩小，观赏游憩价值降低。例如，玉龙雪山在气候变暖影响下，近年来冰川退化速度加快，直接威胁此地最重要的冰雪旅游资源及其融水资源。

第三，以自然为基础的旅游活动是旅游业的发展趋势之一。生态旅游、休闲度假、户外运动及特种旅游等是未来的主流，这些旅游活动本身对环境依赖性强，旅游者对气候的暴露程度高，受气候变化影响风险高。

第四，东中西部地区旅游业风险增大。从区域看，中、西部地区因气候变化引起的灾害危险性有增加趋势，处于山地地带的景区的风险显著上升，旅游发展的瓶颈——交通条件将更加脆弱，集中投资的基础设施、接待设施的损失风险加大；东部沿海地区旅游业因为台风、风暴潮的频发而受损的风险加大[①]。

三、教学设计

通过同伴教学法，启发、促进学生对本案例议题的思考。埃里克·马祖尔的同伴教学法在课堂教学中的实施过程：上课前要求学生阅读讲义和课本中的有关章节；课程刚开始时要进行阅读小测验；简单讲解知识点之后进行

---

① 气候变化情景下的中国旅游业及其适应［EB/OL］．［2023－05－09］．http://www.ctaweb.org.cn/cta/ztyj/202103/be5931598dd74fa1b9ac4e59e453d2e1.shtml.

概念测试并组织学生讨论；根据学生的讨论情况及测试答案的正确率选择是否重新讲解该知识点，以及是否开展新一轮的学生讨论。同伴教学法的特点：①坚持以学生为主体、教师为主导的教学理念，教师讲授重点、难点、疑点和关键点，启发学生思考，课堂上开展师生互动、生生互动，在传授知识的同时引导学生探究、合作，培养学生获取知识、融会贯通的能力；②鼓励学生合作学习，提倡探究、讨论与互动，在课堂教学中设置学生相互讨论、合作学习的环节，让学生在交流中共同解决问题，加深对知识和问题的理解；③培养学生的批判性思维，让学生在学习的过程中阐述自己的观点、倾听别人的表述与批评，启发自己的思考，得出自己的结论；④广泛开展课堂小测验，重在检查学生对概念的理解而不是培养学生的解题技巧，及时了解学生的学习情况，调整教学内容；⑤采用分组讨论的方式进行教学，这种方式更适合大班教学，具有广泛的适用性，可以融入我国的传统教学模式，培养学生的创新能力。

四、案例思考与评析

《国家适应气候变化战略2035》对当前至2035年适应气候变化工作作出统筹谋划部署，明确提出发展气候适应型旅游业。气候变化已成为全球社会经济发展的最大威胁，将给21世纪的世界秩序带来颠覆性的改变，对旅游业所产生的影响也越来越明显。对于文化旅游而言，气候变化带来的影响尤为严重，无论是直接影响还是间接影响，都可能导致文化遗产的毁损甚至消亡。我国的旅游资源丰富，大部分地区位于适合旅游活动的温带和亚热带地区，从气温和干湿状况来说条件优越；各地气候的差异较大，如山区气候就有很明显的垂直分异。在气候变化的背景下，旅游活动和旅游产业的敏感性进一步凸显。旅游发展对气候变化的应对策略主要是旅游业对气候变化影响的"适应"。

目前，我国的文化旅游发展模式，不利于遗产保护，也不能抵御气候变化的威胁，旅游发展模式的重构势在必行。整合气候变化风险与提高适应性是旅游地适应气候变化影响的研究热点与应用难点。旅游业的增长方式要改变，担负起更多的节约能源、保护自然资源、加强可持续发展的责任，发展更适度、更稳健和更负责的旅游产业。因此，如何规避气候变化所带来的风险，构建以旅游国内大循环为主体、国内国际双循环相互促进的新发展格局，着力推动完成拉动内需，提高旅游消费的任务，找到应对气候变化的方法等对旅游业发展有着重要作用，是实现旅游业提质转型，建设旅游强国和实现人民美好生活的重大历史任务。

五、案例提问与解析

1. 1987 年联合国环境与发展委员会发表的《我们共同的未来》最早提出了可持续发展的定义，在可持续发展道路的引领下，如何理解旅游业的可持续发展与其他领域的协调发展？

2.《国家适应气候变化战略 2035》明确提出，发展气候适应型旅游业是新阶段下我国适应气候变化工作的指导思想。如何理解发展气候适应型旅游业的意义？

1. 参考答案：国际社会已经普遍认识到，要解决气候变化对旅游业的负面影响，必须实施可持续发展的旅游政策。可持续发展要求旅游业承担温室气体的减排责任，通过征收航空燃油税和旅游附加税达到减排目的，获取发展可替代绿色能源的资金；提倡对环境友善的，以亲近自然、减少污染和能源消耗为特征的生态旅游。目前，中国已经成为世界旅游大国，CO_2 排放量居世界第 2 位，因此旅游业的健康发展和环保方面的国际义务都要求我们实行可持续发展的旅游政策。

2. 参考答案：发展气候适应型旅游业的意义是根据气候变化的影响及其带来的机遇，调整和优化旅游业的发展模式和结构，提高旅游业的气候韧性和可持续性，促进旅游业与气候变化的协同发展。具体来说，发展气候适应型旅游业有以下几个意义。

第一，保护旅游资源。发展气候适应型旅游业可以通过科学评估风险，制定保护措施，减少气候变化对旅游资源的损害。第二，促进旅游市场的创新。发展气候适应型旅游业可以通过把握气候变化的趋势和规律，创新旅游市场的供给和需求，提高旅游业的竞争力和吸引力。第三，减少温室气体排放。发展气候适应型旅游业可以通过实施可持续发展的政策，推广低碳技术和绿色能源，降低旅游业对气候变化的负面影响。第四，提高社会福祉。发展气候适应型旅游业可以通过完善应急处置和安全管理制度，提供及时准确的气候信息和服务，保障旅游者的权益和满意度。综上所述，发展气候适应型旅游业是应对气候变化挑战、促进旅游业转型升级、实现绿色发展的重要举措。

六、拓展学习资料

【1】金刚，沈坤荣．气候变化与线下服务业消费：以电影行业为例［J］．世界经济，2022，45（9）：152-178．

【2】张恪渝，廖明球，杨军．绿色低碳背景下中国产业结构调整分析［J］．中国人口·资源与环境，2017，27（3）：116-122．

案例十　气候变化对人类健康的影响

一、学习要点与概述

◎气候变化对人类健康的影响

大多数气候变化现象对人类健康的影响是负面的，极热和极冷的天气，包括干旱、洪涝灾害，对人类健康都有着直接的威胁，甚至会导致比较极端的状况，如意外受伤、疾病、死亡。高温天气对于老年人及一些慢性病、心脑血管疾病的患者而言十分危险，气候变暖也逐渐改变人们的习惯。

由于户外运动的时间增多，气候变化将会导致患皮肤癌的风险增高。受气候变化影响最大的地区是非洲和亚洲的发展中国家，印度每年由于极端热浪天气而死亡的人数为1万人左右。由于极端气候变化现象的出现，一些地区面临粮食短缺的危险，使一些弱势群体，特别是婴幼儿的健康受到严重威胁。在不发达的地区，大约有一半儿童和婴儿的死亡是由饥饿造成的。与此同时，气候变化带来的极端天气会传染一些疾病，这些都会影响人类的健康。

二、思政案例

如何科学认识气候变化对人类健康的巨大威胁

气候变化正在严重威胁着人类的生命与健康，如何妥善应对全球气候变化及其造成的健康影响，已成为我国各级政府、公共卫生、环境保护部门迫切需要解决的重要课题。

人类自身对气候和天气的变化非常敏感。气候变化影响公众健康是个复杂的过程，其影响路径主要包括：通过极端天气事件直接影响健康，如高温热浪触发心脑血管疾病患者或高龄老人过早死亡；通过自然生态系统间接影响健康，如蚊虫传播媒介和病原体地理分布范围扩大、洪水泛滥和水质恶化造成胃肠道疾病增多，以及城市中空气污染物活性增加导致呼吸系统疾病等；通过人类社会系统间接影响健康，如极端天气频发导致人们流离失所或财产损失而产生的精神疾病或心理问题等。

大量研究显示，高温热浪期间人群死亡率显著升高，心脑血管和呼吸系统疾病、中暑及相关疾病是常见死因；此外，水电解质紊乱、肾衰竭、尿路感染和败血症等疾病的入院率也明显上升。尽管全球变暖可能降低冬季寒冷天气对人群健康的不利影响，但研究发现，由于气候变化造成高温天数增加而产生的负面健康效应将远超寒冷天数减少带来的益处。

气候变化导致洪涝、干旱和风暴等极端事件的发生频率和强度不断增加，从而造成人群死亡和伤残率的增加。干旱还可能引发森林火灾、沙尘暴和水质下降，强化高温气象造成的健康威胁。飓风不仅会直接损害健康，还会造成水体侵入建筑物，产生霉菌并污染室内空气，从而增加人们患哮喘、上呼吸道不适与下呼吸道感染的风险。此外，灾害发生后的混乱也往往给幸存者带来巨大的精神压力和心理伤害，严重者甚至会患上创伤后应激障碍等疾病。

气候变化不仅能够影响大气污染物的浓度，还能够促进光化学反应产生二次污染物，加剧空气污染。气候变暖会导致无霜期天数的增加，改变开花时间和延长致敏物种的花粉传播时间，从而增加哮喘风险、加剧过敏反应。另外，气候变化还会通过减少农作物产量和降低食物营养成分来影响人群健康。全球目前有超过 8 亿人处于慢性饥饿状态，且预测研究显示未来每 10 年粮食产量的需求将增加 14%，而气候变化会造成全球粮食产量降低并引发严重的粮食安全问题。大气二氧化碳含量增加也会导致小麦和水稻的蛋白质含量下降，以及大米、大豆、小麦等作物中的铁和锌含量下降。

气候变化还能通过多种途径影响职业人群的健康和劳动生产率。例如，全球变暖增加了暑热天气天数及工作场所的温度，造成户外和室内工作人员的热暴露程度提升，并且增加了环境中有毒有害物质的释放，从而引发中暑和有机物中毒等。高温天气甚至会增加工伤发生风险，有研究发现，广州的气温每上升 1 摄氏度，工伤事故发生率上升 1.4%。气候变化还会降低劳动生产率，减少劳动时间等，造成严重的社会经济损失。①

三、教学设计

角色扮演(Role Playing)原本是一种社会心理学技术，使人扮演某个特定的角色，并按该角色的方式和态度行事，从而增进角色扮演者对他人社会角色及其自身原有角色的理解，进而更加有效地履行自己的角色。该技术手段最早源于美国心理学家莫雷诺(Moreno)创设的心理剧(Psychodrama)。角色扮演教学法就是围绕每个特定主题采用表演和模仿的方式来开展教学，从而使整个教学过程形象生动，激发学生的学习兴趣，提高学习效果。本案例可以采用角色扮演教学法，促使学生体会和了解健康议题在气候变化条件下的

---

① 如何科学认识气候变化对人类健康的巨大威胁？［EB/OL］.［2023-05-11］. https://www.cd-stm.cn/gallery/media/mkjx/qcyjswx_6683/201912/t20191220_934089.html.

发展，并能深入思考解决问题的相应方案。

四、案例思考与评析

联合国政府间气候变化专门委员会（IPCC）第六次评估报告指出，人类活动已导致气候系统发生了前所未有的变化，全球二氧化碳浓度达到 410 百万分比浓度，为过去 200 万年以来最高。2011 年至 2020 年平均温升相比工业化前增高 1.09 摄氏度，最近 50 年是过去 2000 年以来最暖的 50 年；过去 100 年海平面上升速率为 3000 年以来最快。在全球极端天气事件频发、广发、重发、并发的大趋势下，过去 50 年极端天气事件带来的经济损失增加了 7 倍。联合国政府间气候变化专门委员会评估报告显示，全球温升主要归因于人类活动。当下，全球有 33 亿~36 亿人生活在气候变化影响下的脆弱环境中，气候变化正给自然界和人类社会造成危险而广泛的损害。愈加频发的极端高温、极端降水等灾害，已经对人类健康造成了负面影响。

面对气候变化的影响，增强公众防范气候变化健康风险的意识迫在眉睫。相较于科学界，公众对于健康和气候变化这一话题的关注度仍有待提高。未来，需要结合各地区的气候环境差异，加强气候变化健康风险科普宣传，在城市、社区、农村以及重点场所开展气候变化健康适应行动，编制应对极端天气事件的健康风险行动指南，进一步增强全民科学应对气候变化健康风险意识。

五、案例提问与解析

1. 气候变化对不同的风险群体的健康有哪些影响？如何针对不同的风险群体制定差异化的应对策略？

2. 气候变化对人类健康的影响有哪些协同或交互作用？

3. 如何平衡气候变化与健康之间的短期和长期利益？

1. **参考答案：** 气候变化对不同的风险群体的健康的影响主要分为以下几种情况：①老年人、儿童、孕妇、慢性病患者等生理脆弱的群体，由于身体机能和免疫力较低，更容易受到高温热浪、空气污染、传染病等的影响；②农民、建筑工人、交通运输工人等户外劳动者，由于长时间暴露在高温环境中，更容易发生中暑、热相关疾病和工伤事故等；③生活在沿海地区、低洼地区、贫困地区等不利地理条件下的群体，由于缺乏有效的防御和适应措施，更容易受到洪涝、干旱、风暴等灾害的影响。针对不同的风险群体，可以制定差异化的应对策略，如为生理脆弱的群体提供及时的医疗救助和健康指导，为户外劳动者提供合适的防护设备和休息条件，为地理条件不利的群体提供灾害预警和转移安置等。

2. 参考答案：气候变化与空气污染的协同作用，如高温天气会促进臭氧和颗粒物的生成，增加空气污染物的浓度和毒性，从而加剧呼吸系统疾病的发生；气候变化与传染病的交互作用，如高温、高湿会增加蚊虫传播媒介和病原体的生存和繁殖能力，扩大其地理分布范围，从而增加人群感染疟疾、登革热等传染病的风险；气候变化与粮食安全的交互作用，如干旱洪涝等灾害会降低农作物的产量和质量，导致粮食供应不足和价格上涨，从而影响人类的营养摄入和健康水平。

3. 参考答案：第一，以人民为中心，坚持以保障人民群众生命安全和身体健康为根本目标，优先满足人民群众对基本医疗卫生服务和公共卫生安全的需求；第二，以预防为主，坚持以减少温室气体排放和降低气候变化风险为根本途径，优先采取减缓气候变化和预防气候相关疾病的措施；第三，以发展为基础，坚持以促进经济社会可持续发展为根本保障，优先考虑促进气候变化与健康领域的创新发展和转型升级的政策。

六、拓展学习资料

【1】阚海东，陈秉衡. 全球气候变化的健康效应［J］. 北方环境，2001（2）：35-36.

【2】马文军. 加强气候变化与健康研究以降低健康风险［J］. 中华预防医学杂志，2012，46（10）：876-878.

案例十一 气候变化对人居环境的影响

一、学习要点与概述

◎气候变化对人居环境的影响

气候变化对人居环境等群众日常生活直接接触较为广泛的维度，都产生着十分重大的影响。随着气候变化、全球气温升高，一些自然景观可能会遭到破坏。这不仅直接影响了文化旅游业，而且间接地对相关的旅行出游产品产生负面影响，这类产品的利润也在不断下降，甚至对航空事业、海洋运输事业也都产生了比较直接的影响。例如，在一些水位有变化的河流领域，运送货物的大吨位船舶能否驶入这些地区将会受到影响；在有些地区，由于气候变化带来一些自然条件的改变，使当地的第一产业、第二产业、第三产业的诸多消费习惯都有所改变，最后对人类健康、人居环境都有着十分直接的影响。

从金融服务部门来看，作为第三产业非常重要的组成部分，不论是公立机构还是私营机构，在保险减灾、金融理财领域，都将面临巨大的重新洗牌的客观可能。重大的气候变化现象、环境治理事件造成的全球经济损失，从20世纪50年代的年均39亿美元，增加到了90年代的年均400亿美元，约为原来的10倍，而这些损失当中至少有25%来自发展中国家，保险的同期赔付金额也从几乎零美元增加到年均92亿美元。不可预见的气候变化还带来一些次生性的灾难，对相关产业特别是第三产业，产生了巨大的影响。全球气候变化所造成的这些次生性气候现象的改变，对人居环境特别是人类健康，有着重大的影响。在大灾之后往往有大疫，气候变化带来的自然灾害对于我们的生态系统、卫生健康系统，包括危机过去之后第一产业的可持续性发展都有着比较深刻的影响。第一产业的挑战包括农业、渔业面临的减产的风险，还会间接影响到粮食安全，导致饥饿与贫困。各个不同维度和模块的影响是互相渗透、互相转化的，气候变化影响着地理状况不同的国家，而这些自然地理要素与人居环境因素又有着千丝万缕的联系。

气候变化还会直接影响居住地的基础设施建设与维护，建筑物、城市服务设施和特定行业都将受到影响。有些产业随着自然环境的改变，可能不复存在，有一些特别是涉及公众服务行业的需求则可能迅速增加。气候变化对人口的流动、居住地的人口数量和特点也产生比较重要的影响，需要我们更快、更科学、更有机、更体系化地调试，才能够做到供求互相对应，以及社会治理与经济发展的良性互补发展。

气候变化对于人居环境的影响是综合的，在不同地域范围、不同经济条件及不同政治能力下都有所不同。气候变化改变了生产力，也改变了市场对商品和服务的需求，深刻影响着与人居条件发展息息相关的经济活动。气候变化也会直接影响居住地的基础设施建设、建筑物城市服务及特定行业的发展。同时，气候变化导致的人口迁移会影响居住地的人口数量和特点，反过来也会影响到对该城市提供的服务的需求。大城市是农村地区和边界地区移民的目的地，人口聚集意味着对于自然资源、人文资源的需求也不断增长，而农村地区和边界地区在气候变化条件下会显得更为脆弱，带来贫富差距的拉大以及贫困的加剧，甚至是社会的动荡及其他潜在的治理风险。

二、思政案例

气候变化将影响人类居住环境

气候变化对人居环境的影响是综合的，它最初表现为与人居有关的其他因素发生改变，进而影响人居环境。大量研究表明，气候变化主要从下述三个方面对人居环境产生影响：第一，气候变化导致资源生产（如农业生产和渔业生产）、商品及服务市场的需求发生变化，使支持居住的经济条件受到了影响。第二，气候变化对居住地的基础设施（包括能源输送系统）、建筑物、城市设施，以及工农业、旅游业等特定产业产生直接影响。例如，三角洲地区的建筑物和基础设施也许会受到沿海和河水泛滥的影响；城市能源需求会随着制冷、取暖需求的改变而改变；沿海和山区的旅游也会受到季节气温变化、降水季节模式变化和海平面上升的影响。第三，极端天气事件增加、人类健康状况发生改变、居住人口发生迁移等，这些都将影响人居环境。例如，干旱、暴雨洪涝、低温冷害、热浪、雪崩、台风、雷暴及沙尘暴等极端天气的增加，常常造成破坏、困境和死亡，影响人居环境；炎热天气和疾病的增多，人们的健康状况会受到不利影响；海平面的上升，增加经水传播疾病（如霍乱和贝类水产品中毒）的发病率；气候变化导致的人口迁移可以影响居住地的人口数量和特点，反过来也会影响对城市提供的服务的需求。

气候变化后潜在的最广泛、最严重的影响是由于降水强度的增加和海平面上升而带来的洪水、滑坡、泥石流、雪崩的影响。越来越多的研究表明：几乎每个气候带的各种居住地区都可能受到气候变化的影响，尤其是河边和海岸带的居民最易受到气候变化的影响。人类居住环境目前正面临包括水和能源短缺、垃圾处理难度大和交通不便等综合治理问题，这种困境因气候持续变化而加剧。

低海拔海岸区的城镇化快速发展，人口居住密度的迅速增加，使人为财富处于沿海极端气候现象的威胁之中。其中影响最严重的是热带气旋（飓风或台风），在热带地区，热带气旋的强度逐年递增，与暴雨、风暴潮等气象灾害共同作用，对沿海地区的生产生活造成灾难性破坏。预测表明，假定2080年海平面上升40厘米，则沿海地区每年受到风暴潮洪水袭击的人数将翻几番。①

三、教学设计

通过情景创设的方法进行代入式学习，创设的情境主要包括：①创设现

---

① 气候变化——对工业、人居环境和社会的影响［EB/OL］.［2023 - 05 - 19］. https://www.cma.gov.cn/kppd/kppdqxsj/kppdqhbh/201212/t20121217_197663.html.

象情境。引导学生对所学知识的学习兴趣。著名教育家陶行知说："教学艺术就在于设法引起学生的兴味，有了兴味就肯用全部的精力去做事情。"情境教学法在激发学生的学习兴趣方面能够产生较好效果。②创设"意外"情境。通过"意外教学"的方式，能够在教学中彰显出学生的主体性，使学生养成独立思考的习惯，同时使学生的科学素养得以提升，发现问题和解决问题的能力得以增长，以学生为中心的课堂必然是有效的课堂。③创设探究式情境。通过多媒体设备、VR 教室等丰富学生的学习体验，鼓励、引导其带着问题进课堂，抽丝剥茧，探究答案。④创设拓展情境。通过实地实践教学，拓宽教学的时间和空间，循循善诱地带领学生在延展开来的时空维度将知识内化于心、外化于行。⑤创设应用情境，结合学生认知的"最近发展区"，为学生创设问题情境，有效地提升学生的综合素养。

四、案例思考与评析

气候变化对人类居住环境的影响是一个重要而紧迫的问题，也是一个需要全球合作和行动的问题。案例从经济条件、基础设施和极端天气三个方面分析了气候变化对人类居住环境的具体影响。联合国政府间气候变化专门委员会的评估报告显示了当前气候系统前所未有的变化，通过具体事例说明了气候变化对人类居住环境的影响，如河边和海岸带的居民为何最易受到气候变化的影响，热带气旋如何向中纬度地区扩展，大西洋洋流系统为什么可能崩溃，等等。

2023 年 4 月 4 日，中国气象局在北京发布"2022 年度气候变化十大科学事件"，其中与中国相关的事件包括：中国发布面向 2035 的国家适应气候变化战略，第一个"碳中和"冬奥会在北京成功举办，中国风电光伏年发电量首超 1 万亿千瓦时，中国发布《第四次气候变化国家评估报告》，中国掀起全民"双碳"科普高潮，中国具备天空地碳监测评估能力。全球和我国气候变化领域的科学热点、前沿研究成果被广泛应用，体现了气候变化科学、政策和行动间的支撑与互动，为传播气候变化科学新进展、新认知，提高了全社会应对气候变化的能力，建立了气候适应型社会和实现绿色低碳高质量发展，提供了多元的选择路径和经验参考。

五、案例提问与解析

1. 气候变化对人居环境的影响有哪些社会经济后果？如何科学认识和应对气候变化对人居环境的巨大威胁？请提出建议。

2. 如何理解中国提出的"共同构建人类命运共同体"和"共同构建人与自然生命共同体"的新理念？请从全球气候治理的角度，阐述中国为应对气候变化贡献的中国智慧和中国力量。

1. 参考答案：气候变化对人居环境的影响主要包括增加灾害防御和恢复的成本和负担，如为防止和减轻洪水、干旱等灾害而投入更多的人力、物力和财力；基础设施和建筑物受损或破坏导致居住条件恶化或失去居所；由于气候变化影响收入和消费而导致生活水平下降或贫富差距扩大。

通过科学认识来应对气候变化对人居环境的影响，可从以下方面采取措施：首先，加强对气候变化与人居环境的科学研究，提高相应的监测、评估和预测能力，为制定有效的应对政策和措施提供科学依据；其次，加强人居环境的建设和改善，提高人居环境的气候适应性和韧性，为保障人民群众居住安全和舒适提供有力保障；再次，加强气候变化与人居环境的教育和宣传，提高公众对气候变化影响人居环境的相关认识和关注，增强公众的自我保护和适应能力；最后，加强国际合作和交流，共同应对气候变化对人居环境的全球性挑战，促进全球人居环境治理的公平性和有效性。

2. 参考答案：中国提出的"共同构建人类命运共同体"和"共同构建人与自然生命共同体"的新理念是基于对人类发展历史规律和未来趋势的深刻洞察，是对人类社会发展方向和目标的科学回答，是对全球治理体系和治理能力现代化的重要贡献。

从全球气候治理的角度来看，中国为应对气候变化贡献了智慧和力量。第一，突出了应对气候变化的紧迫性和重要性。面对全球气候变暖这一不争的事实，以及伴随而来的极端天气、海平面上升、生态系统退化等严重影响，人类必须加强团结合作，共同应对气候变化这一全人类的共同挑战。

第二，体现了应对气候变化的公平性和正义性。应对气候变化是涉及全球发展权益分配和国际社会责任分担的复杂问题，需要遵循共同但有区别的责任、各自尽力、公平分担等原则，充分考虑各国国情和发展阶段，尊重各国自主选择发展道路和应对方式的权利。第三，彰显了应对气候变化的创新性和开放性。应对气候变化需要科技创新和制度创新，需要开放包容和互利共赢。中国提出的"共同构建人类命运共同体"和"共同构建人与自然生命共同体"的新理念，展现了中国在应对气候变化方面的创新精神和开放姿态，主张各国加强科技创新合作，推动绿色低碳技术研发、转移、应用；主张各国完善制度机制，如碳市场建设、碳定价机制、碳税等政策措施；主张各国拓展合作领域，推动绿色贸易、绿色投资、绿色金融等多元化合作模式。

六、拓展学习资料

【1】盖瑞·哈克．气候变化与人居环境科学：人居环境科学国际研讨会论文集［C］．北京：中国科学院，中国工程院，清华大学，2011.

【2】吴良镛．人居环境科学发展趋势论［J］．城市与区域规划研究，2017（2）：1-14.

第四章

适应气候变化及其经济学问题

【学习目标】

除了更加深入地了解气候变化的对应政策与行动，还将相应的经济活动与政治活动内容，连同治理理论思路上升到国家高度，不断地探索以经济活动为根本，改进、改良、优化相应上层政治制度构建的路径。通过对税费、知识产权等经济概念的相关研究，认清经济资本同政治制度之间的辩证统一关系。气候变化对人类社会与自然系统有着非常深远的影响，我们应在不同层面上对其发起适应性的行动，既有物质资源意义上的，又有心灵认知意义上的。如果最外圈是适应性行动，在次一圈层则可以适当地改良资源分配的适应行为，最内圈层项目实际意义上也是适应性行为。

从金融信用视角出发，引入碳治理的概念，通过将碳政治经济化，能够运用更多的经济治理工具及一些杠杆完善应对气候变化的各种举措。适应气候变化需求，要拿出行动来。在这样的基础之上，我们可以更好地将民生经济、实体经济同我们线上与线下的生态文明治理进行有机的对接。从中可以看到，在这一片蓝海市场当中，适应气候变化的行动可以是多样的，也可以是自政府下放到市场的一种权利。通过本案例的学习，希望能给大家带来一些相应领域的启发。

案例十二　适应行动在气候变化
进程中的作用

一、学习要点与概述

◎适应气候变化行动

气候变化对农业、渔业、林业、畜牧业，包括最为重要的粮食安全都有着十分重大的影响。不同的国家有不同的国情，有不同的作物种类、土壤条件、气候特征，气温持续不断地升高或者发生波动，对于一些温带的农作物将产生比较重大的影响。事实上，有些在热带地区的作物已经达到了能够忍受的最高气温的临界极限。在旱灾、水灾等极端气候条件下，第一产业广受影响。例如，新疆维吾尔自治区的暴雪对当地的畜牧业构成极为严峻的挑战，而东北地区的夏季汛期对其第一产业也产生了非常不利的影响。

整个气候变化经济学受到诸多自然条件的影响，如土地、水资源等，需要天时地利人和的综合条件的助力才能够得到发展。特别是农、畜、林、渔等第一产业，深受气候变化的影响，生物的多样性正在受到严峻的威胁。不论是同人类的生产生活息息相关的养殖业，还是自然界的珍稀物种，都受到气候变化无庸置疑的影响，因而因势利导使之能够助力生产变得异常重要。例如，在非洲地区，经常由于气候变化的"天灾"以及治理维度的"人祸"，出现粮食短缺的情况，这种对于第一产业的影响，既是人为的又是自然的。同样，我们不能单纯依靠自然或人治就期冀能够改变现状，而是必须通过人类活动配合自然规律而进行科学的治理。严重的水分短缺、旱灾、汛灾及一些不科学的决策，都同样会消极地影响整个生产过程；与此同时，对生态结构进行保护，实现科学平衡的发展也是十分重要的。

气候变化的适应需求是指在其产生影响的过程中，为保障人类与资产安全而产生的对信息资源与行为的需求。气候变化有着多重需求，可以分为生物与环境需求、社会需求、制度需求、私有部门参与需求、信息与资源需求五大类别。生物与环境需求是最为直接的需求，生物生态系统的多样性对人们的气候变化适应能力产生巨大的影响。生态系统在人类的许多生产实践活动当中，都表现出脆弱性。在社会需求和制度需求的维度，不论性别、健康状况、年龄等，人们都与生态环境的变化有着千丝万缕的联系，从而进一步对人类的实践活动产生深远持久的影响。在合适、适度的机制激励之下，人们的行为可以产生杠杆效应，更好地应对生态文明治理。

私有部门在参与的过程中，与生态文明治理、气候变化治理的行动有着更多的微观交集。在这一过程中，通过所获取的信息、所得到的资源不断地弥补行动上的不足之处。气候变化的适应行动，既包含自然界的资源支撑，又包含人类的能动适应过程。这种适应行动还可以进一步分为增强型与变革型，无论是自发的还是自上而下规划的，适应行动都对生产、生活产生多元的影响，在不需要有大的改变、变动的时候，增强型适应行动是在维持现有制度管理与价值体系基础之上而产生的一种策略调试。例如，多元化的生产方式、改良灌溉、种植技术等；还有变革型的适应行动，如在面临比较严峻急迫的自然生态环境改变带来的威胁时，具有领导力的一些变革性行动等。对于人们生活的地区进行整体的人口迁移，既可以通过社会，又可以通过政治制度的变革来完成一些适应性的行动。有一些是行为维度上的，有一些是信息与思维维度上的。在制度性的适应行动中，又可以具体细分为经济激励、法律界定、政策适应等。因此，不论是通过物质文明的发展，还是通过社会制度的演进，我们都可以在适应气候变化的行动当中与多方面进行合作，提升治理的效度。

◎适应行动的可行域

适应行动的可行域是由三层圆环组成的大圆环系，实际展现的是能够布控的范围。不难看出，面对气候变化，要持续不断地调试姿态，做到能够积极有效地适应。与此同时，适应性的行动也是动态的，了解其内在的动态性首先需要充分地认识到全球气候的瞬息万变、日新月异，适应气候变化的行动也需要与时俱进、不断调整。适应性的行动往往是一套组合拳，要不断地优化、更新已有的知识体系和决策水准，适当地评估风险，并且绝对不可忽视其重要性。

◎适应行动的动态性

考虑到历史性和空间性，要把握好行动的时机，很多适应性的行动穿越代际甚至跨越世纪，这就需要给予战略耐心及保持战略定力。在基础设施的维度、水资源相关的维度、人类身体健康相关的维度，以及城市自然人文环境相关的维度，都应采取适应行动。在适应行动的动态维度，一定要保持决策的科学性，通过教学设计与实地调研，通过科学的调查问卷、小组访谈等定性与定量相结合的具体方法，获取一手数据，这也是气候变化适应行动最为核心、最为基本、最为重要的理念。

二、思政案例

碳税问题、碳库问题与固碳减排问题

草地恢复与放牧管理、农田氮肥管理、水稻田排水管理、湿地恢复等路径，在提升生态系统的净碳汇能力方面一直没有进入主流视野。目前，国际学术界认为，通过人为保护而恢复和管理森林、草地、湿地与农田生态系统，是生态系统自然碳汇之外的额外潜力。中国科学院生态环境研究中心联合美国奥本大学、北京大学、北京师范大学、法国 CEA-CNRS-UVSQ 气候与环境科学实验室等单位，首次评估了中国过去 20 年来多路径的生态系统管理，即 NCS 对减缓气候变化的贡献，并且预测了它们在未来 40 年的碳汇潜力，算了一笔 60 年的总账，从而为我国国土空间规划、土地治理策略提供了一个新的蓝本。2000 年至 2020 年，中国生态系统管理实施的主要措施获得的额外气候减缓能力为每年 0.6 皮克（1 皮克 = 10 亿吨）二氧化碳当量，占同期工业二氧化碳年排放量均值的 8%。基于生态系统管理未来情景的设定，2020 年至 2030 年，中国的生态系统管理将获得气候变化减缓的最大额外潜力为 0.6 皮克二氧化碳当量。如果包括 2020 年以前的管理措施在 2020 年后继续发挥的固碳效益，总量可达 1.2 皮克二氧化碳当量，占同期工业二氧化碳年排放量均值的 11%～12%。在同样的时间周期内，这一减缓总量与美国相当，且远高于加拿大。2020 年至 2060 年，最大额外减缓潜力为 1.0 皮克二氧化碳当量。如果包括 2020 年以前的管理措施在 2020 年后继续发挥的固碳效益，减缓总量可达 1.6 皮克二氧化碳当量。由于自然条件、生态系统特征和管理方式、水平等存在区域异质性，研究人员发现，生态系统管理对气候变化减缓总量及其路径构成在各省份之间的差异很大。其中，内蒙古自治区、黑龙江省、四川省和云南省是历史实现和未来潜力最高的 4 个省份。该研究显示，除西北和东部一些省份，天然林管理和造林的贡献最大；在新疆维吾尔自治区、青海省和西藏自治区，草地放牧优化对历史减缓的贡献最大，而在未来几十年，湿地特别是泥炭地管理将是非常重要的增汇路

径；在中部和东部一些省份，包括河南省、湖北省、湖南省、山东省、安徽省、江西省和江苏省，农田养分管理和改良水稻种植的减排潜力巨大；在广西壮族自治区，改善人工林管理的固碳效益不容小视。除了林业管理，我们应该看到更多的生态系统减排机会和多样化的实现路径。未来生态系统最大碳汇潜力的发挥依赖对大面积国土空间和生态系统的多路径管理，这需要全方位升级国家生态系统管理策略。从 NCS 的角度为全国土地整体规划提供一个蓝本，将有助于制定更全面的土地治理策略，从整体上提升生态系统功能和服务。针对面向"碳中和"目标的生态系统管理战略升级的政策，可以考虑将 NCS 纳入国家碳中和政策体系；从国家层面进行生态系统管理顶层设计；因地制宜制定区域固碳增汇目标，提高生态系统管理效率；构建科学的生态系统管理额外碳汇核算方法体系；碳交易市场建设要与国家投资并举。①

2022 年初夏，农业农村部、国家发展改革委联合印发《农业农村减排固碳实施方案》（以下简称《方案》），对推动农业农村减排固碳工作作出系统部署。《方案》明确，围绕种植业节能减排、畜牧业减排降碳、渔业减排增汇、农田固碳扩容、农机节能减排、可再生能源替代六项任务，实施稻田甲烷减排、化肥减量增效、畜禽低碳减排、渔业减排增汇、农机绿色节能、农田碳汇提升、秸秆综合利用、可再生能源替代、科技创新支撑、监测体系建设十大行动。《方案》要求，以保障粮食安全和重要农产品有效供给为前提，以全面推进乡村振兴、加快农业农村现代化为引领，以农业农村绿色低碳发展为关键，以实施减污降碳、碳汇提升重大行动为抓手，全面提升农业综合生产能力，降低温室气体排放强度，提高农田土壤固碳能力，大力发展农村可再生能源，建立完善监测评价体系，强化科技创新支撑，构建政策保障机制，加快形成节约资源和保护环境的农业农村产业结构、生产方式、生活方式、空间格局，为全国实现"碳达峰""碳中和"作出贡献。与此同时，作为一项重要治理议题，碳税机制正在逐渐成熟。

---

① 生态系统"减排固碳"有多强［EB/OL］．［2023－05－09］．https://m.gmw.cn/baijia/2022－08/19/35964559.html.

三、教学设计

1. 理论讲授法

本案例讲授的学习要点，既关乎理论，又关乎政策。在这样的前提下，需要回归到相对传统的课堂教学方法中，注重理论讲授。著名教育学家夸美纽斯曾经提出，讲授特别是理论讲授作为最基本的一种教学形式，能够在有限的课堂时间与课堂空间内达成教学的目标。这样的功能，虽然学生处于比较被动的接受方，但是能够在短时间内掌握大量的经过消化、处理、过滤的有益知识点。近代以后，这种传统的理论讲授法主要发展成观察、记忆、理解和练习法，观察、记忆的前提，都与理论的传授、知识点的接纳，有着直接的关联。在讲授新的教学内容时，诱导学生思考学习的目的，认清学习的动机。最后，系统性地根据已有的教学内容，布置作业与测验题目，组织学生检验自身学习效果，这是在传统的课堂教学空间当中非常经典的课程思政教学法。

2. 价值观塑造法

价值观塑造法更加注重学生的主体性和教师的主体性，以及互相交流的无限可能。对于一般的教学对象而言，传授知识只是比较基础、比较低阶的教学目的。价值观塑造法强调的是在吸收知识的前提条件之下，注重以学生为主体的导出效应，即能够产出怎样的价值观。苏联著名的教育学家苏霍姆林斯基曾指出，教师最重要的目的是传授有温度的知识，而不是通过一些科技手段、机械手段，如通过机器人完成知识的传授。因为通过教师的共情作用，传递的是已经被消化过的有温度的知识，输出的这些知识点，有着很高的附加价值，即价值情感与情怀。本案例通过分析碳库问题，依托乡村振兴的时代大背景，研究城乡联动的固碳减排问题，将碳资本与碳政治联系起来探究如何适应气候变化需求，并回答我们应当怎样行动。针对此案例，能够看到从税费、自然资源政策到知识产权政策，不论是经济杠杆工具，还是文化治理工具，在进行碳政治治理时都要不断地研学碳政治的规律，广泛关注其他发达国家、发展中国家的实践经历，将这些政策依托中国自己的国情进行适当的改造、发展及本土化。

四、案例思考与评析

中国地大物博，人口众多，在不同的产业进行减排，一定要灵活多元地处理不同产业、不同地区、不同阶层之间的利益关系。唯有尽量做到"众口可调"，才有可能形成联动协同的机制效应，最终处理好碳资本与碳政治的二元辩证统一关系。碳税制度毫无疑问在欧洲及发达国家起步较早、经验丰富，但需要注意的是税收制度的政治性，也就是说在国外的发展历程中，碳税作为新兴的板块，怎么与当地的已有的公共税收制度进行对接与接轨。碳税制度在我国如何同我们的国税、地税制度进行对接，我国碳税制度的发展前景如何？碳市场作为一个非常新的概念，它的发展规律仍旧没有被摸透，特别是欧盟的经验也时刻提醒着我们构建顶层制度的重要性。更为重要的是，应当先从立法的角度出发，再铺陈到整个行政流程中，由相关的部门专门负责碳税制度的构建与发展问题。

五、案例提问与解析

1. 请联系碳税制度发展比较早的国家的经验，就碳税制度在我国推广的前景进行论证与展望。

2. 碳汇是一个较新且较重要的概念，请利用所学知识谈谈对碳汇在我国发展道路的看法。

1. 参考答案：碳税是气候变化的治理措施之一，欧美国家在此方面有着相对丰富的实践经验。作为气候变化治理的重要政策工具，碳税发挥了制约碳排放的关键作用。在气候变化治理过程中，如何巧用经济杠杆工具，既提升治理效率，又改观公众认知，在碳税方面大有可为。中国作为碳税、碳资本的蓝海市场，既可以借鉴欧美经验，又有必要独立自主地探索自身的碳税发展。

2. 参考答案：碳汇是一个比较新的概念，指的是通过植树造林、植被恢复等措施，吸收大气中的二氧化碳，从而减少温室气体在大气中浓度的过程、活动或机制。这样的活动或机制源于《联合国气候变化框架公约》(UNF-CCC)，其早在 2003 年就将植树造林、再造林田活动纳入碳汇项目。2020年 10 月《自然》科学期刊上刊登了一篇文章，相关团队研究认为在中国的西南和东北地区的碳汇占了中国整体陆地的 35% 左右，这是非常大的一个数值。

在过去的几十年中，植树造林不仅极大地改善了我们国内的生态自然环境，还为全人类绿色美丽健康的发展愿景做出了不可磨灭的贡献。森林面积虽然只占到陆地总面积的约 1/3，但它的碳储量几乎是陆地碳储量的一半。树木通过光合作用可以极大地缓解温室效应，因为它可以吸收大量的二氧化碳，这就是碳汇发挥作用的过程。随着四季轮转，树木生长得郁郁葱葱，就形成了固碳效果。森林是二氧化碳的吸收器、储存库和缓冲器，能够发挥不可或缺的作用。

在"碳达峰""碳中和"的大考之下，碳汇势必将通过各种各样的试点，得到进一步的发展。在这个过程当中少不了顶层政治制度的构建，当然也可以通过多种途径，如课程教学等更进一步普及碳汇的概念，使人们了解这些前沿的概念，引领自己的行动。

六、拓展学习资料

【1】樊勇、张宏伟. 碳税制度效应：基于在中国的应用分析[M]. 北京：中国税务出版社，2013.

【2】苏明，傅志华. 中国开征碳税：理论与政策[M]. 北京：中国环境科学出版社，2011.

【3】江霞，汪华林. 碳中和技术概论[M]. 北京：高等教育出版社，2022.

案例十三　适应技术与政策对减缓气候变化的影响

一、学习要点与概述

◎适应行动的主要技术

治理行动有着诸多技术选择，从风险评估到基础设施建设，再到建立完善完备的灾害监测预警技术与应急体系。无论是旱涝、暴雨、沙尘暴、飓风，还是极寒、高温、山洪、滑坡、泥石流等自然灾害，我们都要主动出击，建立起完备的预警和抢险体系。与自然环境关系最为密切的产业就是第一产业，不仅涉及农情监测和预警技术、公众适应技术，还涉及畜牧养殖和水产品养殖适应技术。在季节轮替、灾害天气频发的条件下，适应气候变化面临的治理挑战，需要我们掌握相关的科学技术手段，以及实施政策的逻辑思维模式，以便更好地适应气候变化带来的治理挑战。水利工程、水质改造、海洋灾害检测，与人体健康、医疗卫生、医疗援助有关的技术，以及城市治理与规划、交通、建筑、能源产业的发展，这些都是适应行动非常重要的相关技术。

◎风险共享/转移政策

一般在采取适用行动之前，都需要进行相关的评估，根据评估再决定采取措施、制定具体行动路线图，技术评估主要包括识别问题、对接产业技术、制订行动计划，先从底层评估出发，不断地优化升级换代，直到最后将对接技术以及策略方案上升为国家意志。在这过程当中，我们就完成了风险共享及风险转移。风险共享或者转移机制包括一些风险统筹管理政策工具如保险，在这个过程中也有一些非正式的风险共享和转移政策参与主体，包括以国家为单位、以一定的国际组织为单位、以一定的非政府组织（NGO）为单位进行的气候变化治理援助活动，这些参与主体往往在一些地区有着较为丰富的实践经验，这些都应当被囊括到风险共享和转移的维度中。在认知上，要防止道德出现危机。除此之外，风险抵御能力正在日趋增强，不仅能够承担来自自然资源市场的一些压力，还能够创新传统经济干预、行政干预的手段，促进知识产权的建构、文化观念的认同。

◎改善自然资源市场政策

自然资源是人类社会发展赖以生存的物质基础，大量研究指出，自然资源特别是不可再生的自然资源，其使用、运用、购买以及循环利用都存在着诸多矛盾点，相关的自然资源、市场治理部门和能源机构，可以通过各种各样的政策工具，改良、改进、改善并促进相关的自然资源利用，制定相应的规则制度。

◎知识产权政策

知识产权在这一领域发挥着十分重要的作用。气候变化、自然资源、人力资源，这些信息技术资源的共享与转移，在很大程度上都同知识产权政策有着千丝万缕的联系。一些欠发达地区，在适应气候变化行动的过程中，知识产权可以发挥很大的杠杆作用。

◎不确定性决策

适应气候变化需要面对气候变化、社会及整个生态系统的不确定性，这些流动的矛盾导致的不确定性，在人文社会层面、气候变化层面，乃至整个生态系统层面都会产生深远影响。大量研究结果支持这一观点，不确定性深刻地影响与改变着气候变化行动。不论是在社会治理层面，还是在经济、政治、文化、生态层面，都要提高适应行动的便捷性和即时性，这样才能最大限度地适应气候变化带来的种种治理挑战。在此不确定性范畴内，大多数是跨国治理挑战，跨文化挑战带来的直接后果就是国际合作的博弈，发达国家要承担多少责任？发展中国家又要承担怎样的义务？在各种各样的技术部门，我们都要通过制定政策不断完善相应的政策工具及治理理念，在诸多国际合作博弈的范畴内，不断提升合作博弈的主动性，为世界应对气候变化挑战带来重要作用。

二、思政案例

蚂蚁金服，打造线下植树造林的"蚂蚁森林"

碳信用（Carbon Credit），又称碳权，指在经过联合国或联合国认可的减排组织认证条件下，国家或企业以增加能源使用效率、减少污染或减少开发等方式减少碳排放，因此得到可以进入碳交易市场的碳排放计量单位。

国际上以国际排放贸易机制（IET）、清洁发展机制（CDM）和联合履行机制（JI）为基础，形成了基于配额的市场和基于项目的市场。其中，清洁发展机制和联合履行机制属于基于项目的市场，联合履行机制项目产生的减排量称为减排单位（ERU），清洁发展机制项目产生的减排量称为核证减排量（CER）。在这类项目交易下，低于基准排放水平的项目或碳吸收项目，在经过认证后可获得减排单位，如 ERU 和核证减排量。受排放配额限制的国家或企业可通过购买减排单位来调整其所面临的排放约束。国际排放贸易机制属于基于配额的市场，与基于项目机制的温室气体排放权交易不同，在配额机制中，购买者所购买的排放配额是在限额与贸易机制下由管理者确定和分配的。基于项目机制和配额机制这两类市场为碳排放权交易提供基本框架，以此为基础，相关的二级市场、基础产品（碳排放权）和衍生产品交易也随之发展起来。

尽管碳信用在我国有了长足发展，但总体来看还存在一些问题。一是市场体系不健全，国内金融机构对碳信用的参与度不高。碳信用在我国传播的时间有限，国内许多企业还没有认识到其中蕴藏的巨大商机。二是中介市场发育不完善。碳减排额是一种虚拟商品，其交易规则十分严格，开发程序也比较复杂，销售合同涉及境外客户，合同期限很长，非专业机构难以具备此类项目的开发和执行能力。三是碳金融产品数量和创新不足，我国只有商业

5

银行及政府推出了一些碳金融产品，投行和交易所还没有参加进来，不论产品数量、功能还是多样性方面都难以满足市场的需求。因此，要构建碳信用交易平台，大力培育中介机构，努力推动碳金融产品创新，推动商业银行大力开展碳权质押贷款业务，发展基于碳权的融资租赁业务，发展基于碳权的保理业务，积极发展碳基金理财产品，开发信托类碳金融产品，逐步推进碳金融资产的证券化业务。

2016年，阿里巴巴集团旗下的蚂蚁金服开始植树造林活动。2023年，内蒙古自治区林草局与蚂蚁集团签署战略合作协议，未来3年，蚂蚁集团将为内蒙古自治区浑善达克规模化林场试点建设捐资1亿元，用于林草生态修复和保护、沙化土地治理，助力林草产业发展和农牧民增收。根据协议，双方将按照"生态优先、绿色发展、创新驱动、合作共赢"的原则，在生态保护、绿色低碳、数字经济、普惠金融、政务服务、民生改善等领域，进一步拓展合作空间，完善合作机制，提升合作成效。据了解，自2016年以来，蚂蚁集团实施"蚂蚁森林"公益造林项目，通过中国绿化基金会为内蒙古自治区生态建设捐资超过7亿元，在阿拉善盟、鄂尔多斯市、巴彦淖尔市、呼和浩特市、乌兰察布市、兴安盟、赤峰市、通辽市、锡林郭勒盟9个盟市35个旗县区，栽植梭梭、沙柳、花棒、沙棘、红柳、杨柴、柠条、榆树、樟子松、云杉、胡杨等树种超过1.4亿株，面积超过150万亩（1亩≈666.67平方米）。2023年植树节，内蒙古自治区林草局联合中国乡村发展基金会、蚂蚁集团发起了"春天守护　亮丽内蒙古"活动，超过1亿人次在手机上为云杉"浇水"。"蚂蚁森林"根据网友的"浇水"总量，于4月22日"世界地球日"，在内蒙古自治区浑善达克规模化林场克什克腾旗分场种植4.4万棵沙地云杉①。

"低碳生活"，是一种态度。使用环保袋、低碳出行、回收闲置物品……这些看似不经意的小事，其实都是在为地球碳减排做贡献。如果说生活是一场实验，那么，每个人都是实验室里的参与者，每个人的行动都将对实验结

① 再捐1亿元种树治沙：蚂蚁集团持续七年支持内蒙古生态治理［EB/OL］.（2023-04-22）
［2023-08-08］. https：//baijiahao. baidu. com/s？id=1763868445582977738&wfr=spider&for=pc.

果产生影响。恒太商业联合绿色倡导伙伴"蚂蚁森林"，在"恒太荟"支付宝小程序及各项目现场共同打造消费者身边的绿色可持续探索，开启"绿色生活节"。通过"展览+体验"的形式，围绕"碳中和"、生物多样性保护话题进行科普，提高公众环境保护意识，动员每个消费者践行绿色生活，参与环保行动。宁波水街开展"春日赏风大会"主题市集，顾客不仅能在有趣的互动中了解低碳知识，还能通过听、看、闻、触感受自然的美好。各恒太城打造低碳生活站，邀请顾客捐赠可回收物品进行积分兑换，为绿色生活开启新方式。与各大品牌商户共同发出倡议，"绿色友好商户"不仅会在自己的店铺内张贴"低碳大挑战"参与低碳宣传，还鼓励顾客开展绿色消费活动。例如，自带杯购买饮品、自备环保袋、空瓶回收、选购绿色包装商品等，选择任意一项绿色行为，完成打卡任务，即可获得蚂蚁森林主题周边。商业的环保课题，曾经藏在建筑的硬核环保设备里不易被看见，如今借助蚂蚁森林等强 IP 属性，走到了消费者面前。环保命题下的全新解题思路——线上线下联动，以更多元化的姿态出现在商业综合体里，一同肩负起环保宣导和互动体验的社会责任①。

吉林省梨树县"梨树模式"下秸秆还田新技术的经济与减排贡献

2020 年 7 月 22 日，习近平总书记在吉林视察时专程到梨树县察看黑土层土质培养和玉米长势。他语重心长地说："东北是世界三大黑土区之一，是'黄金玉米带''大豆之乡'，黑土高产丰产同时也面临着土地肥力透支的问题。一定要采取有效措施，保护好黑土地这一'耕地中的大熊猫'，留给子孙后代。梨树模式值得总结和推广。"牢记嘱托，不负期望。沿着习近平总书记指明的方向，吉林省高度重视黑土地保护与利用工作，综合施策，在 46 个县、市、区全面展开工作。2021 年，吉林省实施黑土地保护性耕作面积达到 2875 万亩，稳居全国首位。2022 年，吉林省优化提升"梨树模式"，

---

① 恒太商业联手支付宝蚂蚁森林 开启低碳生活［EB/OL］.［2023－05－26］. http://house. jrj. com. cn/2023/04/07185837460952. shtml.

保护性耕作面积达到 3200 万亩①。自 2020 年 7 月以来，吉林省黑土地保护明显提速。吉林省成立省委书记、省长任双组长的黑土地保护领导小组，颁布实施了全国首部地方性法规《吉林省黑土地保护条例》，确定了每年 7 月22 日为吉林省黑土地保护日，制定十个方面 38 条具体措施，推进人才、资金、项目等向黑土地保护聚集。在中国农业大学吉林梨树实验站指挥中心大屏上，梨树县 41 个点的土地监测情况一目了然。省内外农业专家在线服务，实时给出指导意见，第一时间发送到农民手机里。如今，梨树县以实验站为平台，会聚了多所高校、科研机构及国外专家学者，共同开展科研工作，科研人员达 130 人，每年完成 10 多项国家级科研项目和近 20 项试验研究项目。2021 年，吉林省率先与中国科学院签订框架协议，全面实施"黑土粮仓"科技会战，在农安、梨树、镇赉建设 3 个万亩级核心示范基地，同步推进30 个千亩级辐射示范基地，形成梯次跟进示范推广体系。在梨树全县范围内全面实施"田长制"管理机制，打造黑土地保护示范样板。

科研人员把论文写在梨树大地上。依托强大科研优势，吉林省建立了全国首家黑土地保护与利用院士工作站，打通创新成果研发、转化、应用链条，推进黑土地保护与利用国家重点实验室、省级重点实验室、工程研究中心、东北黑土地研究院等科技创新平台建设。同时，连续举办五届"梨树黑土地论坛"。实施"百千万"引领行动，扶持培育 100 个社会化服务组织、1000 个示范样板村、1 万个新型经营主体。通过探索研究，吉林省构建起东部固土保肥、中部提质增肥、西部改良培肥的保护路径，探索形成了秸秆覆盖还田、深翻还田、碎混还田、米豆轮作、水肥一体化等黑土地保护模式，切实把黑土地这个"耕地中的大熊猫"保护好、利用好②。

2022 年 10 月 26 日，"梨树模式"走向"一带一路"专家服务示范团，开展了题为"梨树模式走向'一带一路'内蒙古地区，助力黄河流域农业高质量发展"的线上培训会议。据了解，"梨树模式"走向"一带一路"倡议，是由中

①　打造"梨树模式"升级版：我省推进黑土地保护性耕作纪实[EB/OL].（2022-05-03）[2023-05-06]. http://www.jl.gov.cn/zw/yw/zwlb/sz/202205/t20220503_8441811.html.

②　打造"梨树模式"升级版——吉林省推进黑土地保护性耕作纪实[EB/OL].[2023-05-23]. https://baijiahao.baidu.com/s？id=17319188875202168197&wfr=spider&for=pc.

国农业大学土地科学与技术学院、国家黑土地现代农业研究院、梨树实验站共同发起，并于 2022 年初正式启动。旨在将梨树模式带入"一带一路"沿线国家和地区，探索出适合各地的保护性耕作模式，助力"一带一路"沿线国家和地区农业绿色发展，提升农业竞争力优势。"梨树模式"是近 10 多年来，我国形成的以保护和培育土地为目的，最早在吉林省梨树县形成的保护性耕作技术体系。中国农业大学土地科学与技术学院院长、"梨树模式"主要研发者之一李保国介绍，通过 10 多年的实验和积累，"梨树模式"逐渐成为集经济、社会和生态效益于一体的可持续发展的农业耕作技术，目前在东北黑土区推广面积超过 5000 万亩，从节本增效方面来看，每年促使农民增收 40 亿元。与传统耕作相比，"梨树模式"具有明显优势。"与'一带一路'沿线国家和地区开展农业产业合作和发展，符合我国农业走出去的发展战略，也符合'共商、共建、共享'的发展战略。"这也是"梨树模式"走向"一带一路"这一项目发起的初衷之一。李保国介绍，我国西北地区、中亚五国、西亚及北非国家，农业在产业结构中占有重要地位，但受地理环境等因素的影响，生态脆弱，土壤贫瘠，水资源短缺，农业生产资料匮乏，农业生产受到很大限制，除以色列外，农业竞争力几乎不占优势。这些国家和地区农业竞争力提升空间较大，为我国农业走出去提供了良好契机。"梨树模式"是提高"一带一路"沿线国家和地区相对落后农业生产力的有效技术手段，对保障区域粮食安全和生态安全具有重要意义①。

三、教学设计

1. 参与实践法

参与实践法指教学人员鼓励、带领、激励学生参与某一需要调查的对象环境，在该环境内通过角色内化与扮演，从而细致、全面、多方位地体验、了解和分析调查对象情况的一种方法。通过参与实践法，可以作为直接体验

---

① "梨树模式"走向"一带一路"可持续耕作技术将在多国建示范区[EB/OL]．[2023-05-11]．https://baijiahao.baidu.com/s? id=1748470639282092715&wfr=spider&for=pc.

人，获取更多第一手信息。通过实践，可以检验学生所学知识产生的理论联想，甚至是一种结论假定。在不断地检验实践效度的同时，鼓励学生创新实践，大胆开拓，会有意想不到的理论收获，甚至是理论贡献。在条件允许的情况下，结合不同地方乡土人情实际开展参与实践法，会带来一些惊喜。

2. 设计竞赛法

以学生为中心、以产出为导向，运用风投创意书、小程序、App 设计比赛等手段，带动实践教学形成积极的氛围。对各种各样生态经济行为进行观察模拟、模仿风投行为，让学生写各种各样的项目书与风投创意书，制作一些小程序 App，在哔哩哔哩中分享与上传一些文学文艺作品等。这样的实验教学方法，促使学生不断去改进自身的一些做法，收获比较积极的教学效果。

3. 实地调研法

问卷、深度访谈、小组访谈等实地调研方法十分重要。对于学生而言，实地调研是进行课程思政教学的一种重要方法，可以让他们在课堂上熟悉更多的分析工具、分析软件、分析方法、分析视角。例如，在进行深度访谈时，可以借助著名的定性数据处理软件 Nvivo；在进行定量问卷调研时，用 Spss、爬虫等软件，使小组成员经历深度的小组访谈。这些经验及工具，尽管在教学设计当中是一些基础性环节，但通过这些方法进行的实地调研更全面且有深度。

4. 总结辐射法

除了掌握学术方法，得出结论，分析内容，还要考虑到研究成果的现实转化，只有具备可操作性、可推广性，并对制定政策进行输出，才能建立健全更好的生态文明治理体系。对于本案例而言，大力推广"梨树模式"，对全国不同地域的类似问题都能起到一种示范引领作用。

四、案例思考与评析

蚂蚁金服同相关地方政府进行战略层面的合作，通过吸纳淘宝、支付宝用户，使他们参与到"蚂蚁森林"的构建过程中，真正做到了积少成多、合作共赢。

与此同时，它还在年轻群体中大力推广低碳出行环保理念。不难看出，这不仅推动了一种新的盈利模式，还推广了低碳生活理念，形成了一种良性循环。

"梨树模式"成功于吉林省四平市，但它不只属于吉林省四平市。产学研一体化，使创新成果转化为应用链条上的生产力，不仅同其他地方政府进行互动，而且许多社会化服务组织与村级合作信用社、合作社经济体都有一定的关联。

五、案例提问与解析

1. 论述碳信用与开放发展理念的关系。

2. 论述中国植树造林活动对世界生态文明事业的贡献。

3. 论述碳信用体系发展与相关实践的辩证关系。

4. "梨树模式"为什么能够脱颖而出，获得全方位的成功，且具有推广价值与意义？

5. 如何借鉴"梨树模式"经验，在我国其他地区发展符合生态文明建设要求的农畜林渔产业发展新模式？

1. 参考答案：我们持续不断地坚持推进国内国际双循环，坚持创新、协调、绿色、开放、共享新发展理念。在碳信用、碳经济方面，包括碳汇、碳税、碳排放交易等维度，要坚持独立自主前提下的开放。正如我国 A 股金融市场，它是不对外开放的，这有助于在货币、金融、经济、基金等投资领域维护独立自主的安全。虽然我们不断学习国外碳排放、碳信用等经济发展领域的先进经验，不断维持我国开放包容的姿态，不断分享我们治理改善的经验，但这并不代表我们无限度、无底线地开放，没有忧患意识。一定要处理好碳信用与开放发展理念的辩证关系。开放不是没有底线思维的开放，经济发展也不是孤立无援的发展，既要接近国际水准，效仿国际做法，借鉴通行准则；又要做好具有中国特色的碳信用事业发展，围绕国情、地情、乡土、人情，加强我国碳经济体系、碳信用体系的构建。

2. 参考答案：在习近平生态文明思想的指引下，我国林业部门组织群众展开植树造林活动。以吉林省为例，在开展全民义务植树运动41年来，全省共3.51亿人次参加义务植树，栽种各类树木15.94亿株。植树造林对于环境的改善是显而易见、立竿见影的，并且不断地通过历史性成就表现出价值引领的潮流。植树造林是水土保持、抵挡风沙的手段，清除空气污染最为明显，成本最低。国外曾经有学者对树的生态价值进行过计算，一棵50年树龄的树，累计创值接近20万美元。一棵树可以生产200千克的纸浆，再生产成各种各样的纸类用品，同时，树还可以吸纳许多有害气体，当城市绿化面积达到50%以上时，大气中的污染物就可以得到有效控制。因此，我国通过持续不断的植树造林，对世界生态文明事业也作出了巨大贡献。

3. 参考答案：碳信用体系的发展与实践，是互相促进的二元辩证统一关系。碳信用已成为一些企业关注的焦点，以此带动碳交易、碳经济的发展。我国的起步虽然晚于西方国家，但事实上，我们后来居上，根据中国特色社会主义市场经济建设经验，不断地完善碳信用体制发展，做到和而不同，保持自身的独立自主特性。总而言之，碳信用体系发展，既要兼顾自身金融经济体系发展特征，又要注重从自身碳治理实践出发，只有处理好这样的辩证统一关系，才能使碳信用与相关碳治理实践相得益彰。

4. 参考答案："梨树模式"对于绿色低碳环保因素的挖掘，通过"一带一路"倡议被推广到国外。它从本土地情出发，量身定做出独立自主的发展模式，这是在党和政府的正确领导下，在农业科研院校专家和农技推广人员的长期勤奋付出、刻苦钻研、创新探索下取得的，"梨树模式"具有广泛的推广价值，对确保国家粮食安全、发挥吉林省国家重要商品粮基地作用意义重大。

5. 参考答案："梨树模式"的成果涉及生态文明、环境保护等产业和项目，其创新离不开自然科技，如环境农业、生物、化工、物理等基础学科知识与理论支撑。因此，借鉴"梨树模式"的经验，一定要了解当地是如何从地情出发，协调多方不同利益，最终走到创新发展模式这一步的。依托构建城市文化政治景观，围绕不断地拓宽城市空间这一发展主线。与此同时，切实加强本土模式开发的可能性、信度与效度。

综上，我们有必要从生产、研究、践行、创新四个环节与维度，不断地挖掘"梨树模式"的共性价值与意义，并且将这些经验推广给其他亟待进行农业产业转型升级的地区，形成更多的"梨树模式"模式，为我国的生态文明建设贡献积极力量。

六、拓展学习资料

【1】蓝虹. 碳金融与业务创新［M］. 北京：中国金融出版社，2012.

【2】王振，彭峰. 全球碳中和战略研究［M］. 上海：上海社会科学院出版社，2022.

【3】宋颢. 低碳生活读本：中学版［M］. 上海：东方出版中心，2011.

【4】吴京育. 企业社会创新模式探索：以"蚂蚁森林"为例［J］. 菏泽学院学报，2018，40(4)：67-70.

【5】孙天琪，乔奇. 大数据时代中国绿色金融公益的实践与探索：以蚂蚁森林为例［J］. 管理观察，2018(27)：117-118.

【6】朱兆良，［英］诺斯，孙波. 中国农业面源污染控制对策［M］. 北京：中国环境科学出版社，2006.

【7】［美］西奥多·W. 舒尔茨. 改造传统农业［M］. 梁小民，译. 北京：商务印书馆，2006.

【8】郑风田. 制度变迁与中国农民经济行为［M］. 北京：中国农业科技出版社，2000.

【9】戴小文. 中国农业碳减排路径研究［M］. 北京：社会科学文献出版社，2021.

第五章
减缓气候变化及其经济学问题

【学习目标】

本章从经验性案例出发，观察并解释在自然资源市场维度下与创新相关的国内外行动。自然资源开发不仅涉及资源、专利、知识产权保护和维护等创新维度的协同合作，也涉及一些不确定性的挑战。通过政治政策调整，围绕新兴能源的开发与利用进行国际合作是十分必要的路径。根据相关知识点的经验性总结，最终达成促进相关领域新能源政策改良改革的实践目的，光伏技术的创新发展证明了跨国合作的重要性与潜力。新兴能源科技前沿领域的竞争发展过程不仅同气候变化现象息息相关，还同一个国家的政治内驱力有着十分密切的关联。

对一些碳金融产品的发展历程进行探讨，全面提升了评估减缓气候变化影响的各种政策工具的能力及其效度。不论怎样的技术部门，我们的目的都是能够制定与发展各种各样的政策工具。结合案例目标，从绿色金融产品的研发、投入和使用，到"碳中和"产出导向，我们解构社会如何利用各种各样的手段，对市场进行摸底排查，创造性地运用绿色金融政策工具，使高效的治理目标逐步实现。我国在"绿水青山就是金山银山"理念的基础上，提出"碳达峰""碳中和"的生态目标，在国际政治舞台上的话语权与独立叙事的体制机制已然形成。在向第二个百年奋斗目标进军的新征程上，我们已经有了诸多方面的经验积累，不断地追求更好使绿色金融、低碳生活与社会发展相适应，得到相应的升级换代。

案例十四　减缓技术在气候变化
过程中的历史意义

一、学习要点与概述

◎能源供应部门、交通部门、建筑部门、工业部门等的减缓技术

气候变化的适应性需求是指在气候变化过程中，为保障人类与资产安全

而产生的信息资源及相应行为的需求。也就是说，我们需要适应正在被气候变化影响的生态系统和自然环境；就社会层面而言，不同的地域、性别、年龄、阶层等都在影响着社会需求结构的发展。

不论是自上而下的制度构建需求，还是对于私有部门参与的现实需求，在信息科技爆炸的年代，我们都需要以更清晰的思路厘清适应气候变化的可能性选择。我们可以采取自然系统的适应行动和社会环境的适应行动适应气候变化的需求，既包括偶然的、自发的，又包括规律的、规划性的适应行动。尽管人类的适应行动多种多样，但毫无疑问都是结构性的、社会性的、制度性的适应行动。从环境改造、环境治理到生态系统的基础性技术，再结合社会维度的相应信息收集及决策等方面的行动，最终对标经济法律的维度进行制度制定，将解决方案固化，以形成更强大的政策扶持效应。其中，经济维度强调税收和补贴政策，即通过税费征收、减免、补贴发放等经济手段来引导个人和企业投资和采用适应气候变化的行动。

温室气体排放比较高的个人和企业，政府可以通过税收的手段来约束其温室气体排放行为。如果个人和企业积极适应气候变化行动，我们可以通过减免税费和补贴等形式，给予一定的经济支持。例如，一些大学或企业所在大楼的屋顶花园垂直绿化是近年来比较热门的项目，政府可以为这些生态活动给予政策、金钱、人力、物力上的支持。基于当地社区的自然资源管理，自然资源市场还可以改善自然资源的市场政策，如无论是农业灌溉、工业用水，还是第三产业水资源利用，都给予一定的政策支持。

除了实体经济，在知识产权方面，特别是涉及气候变化治理的科技专利与发明的保护，也要做足功课、做好工作，通过专利买断、专利池交易、强制许可等专业政策手段进行干预，尤其是帮助发达国家的知识产权向发展中国家的知识产权进行转移。专利的买断交易能够更多地授之以渔，使发展中国家和欠发达地区依靠科技上的重大专利和发明获得治理上的转机，大幅降低政策执行当中的不确定性，实实在在地通过抽象政策与具体行为助力当地的气候变化治理。

碳库即碳的储存库，通常包括地上生物量、地下生物量、枯落物、枯死木、土壤有机质碳库。由于参与碳循环的始终是碳，才有了碳库的提法。在自然界中建立完善的碳库资源利用和循环机制，对我国气候变化治理、生产治理和生态治理具有十分重要的积极意义。碳库是全球气候变化科学当中的一个热门词汇，根据其对于全球大气二氧化碳含量变化的贡献，可以分为碳源和碳汇两种类型的碳库，通过一系列环境科学与地理科学的知识计算，最终依据客观条件完善人类活动对碳库的影响。

由于碳市场在我国的发展仍处于起步阶段，我们一定要注意学习已有经验、碳市场发展规律和阶段性差异。欧洲尝试过推进碳边境调节机制，美国也颁布《清洁竞争法案》，以明确碳税的功能、碳汇的作用。我国的碳市场以及相关的金融衍生工具都处于起步阶段，保证其可持续性发展是首要的，其次是补齐短板和完善薄弱环节。在此基础上，我们应不断探索自身碳税的应用、碳库的利用等问题。我国拥有庞大的农业人口数量，农业农村的固碳减排大有可为。

二、思政案例

世界银行金融风险共享，京津冀推进城市绿色治理

京津冀大气污染防治融资创新项目，于 2016 年由华夏银行携手世界银行推动，是我国第一个采用世界银行基于结果导向（P4R）贷款方式的转贷项目，是全球第一个应用于能效领域的世界银行结果导向型贷款项目，以及世界银行全球能源领域第一笔采用结果导向型融资模式的项目。资金使用年限为 20 年，项目支持范围主要涵盖能效项目、可再生能源项目及污染防控项目。目前，全球达成的共识是，极端天气缘于全球气候变暖，人类活动排放的温室气体是导致全球变暖的主要原因。人类一方面在应对气候变化，另一方面在适应气候变化。当前全球气候变暖正在加速演进，气候变化对我国的影响非常深远，受气候变化影响，气候系统变得更加不稳定。近年来，我国极端天气气候事件呈现出发生频率高、影响范围广、致灾性强的特点。极端事件的发生与当时特定的大气、海洋等动力—热力异常状态有直接关系，气候变化在一些极端事件的变化中起到了推波助澜的作用。联合国政府间气候

变化专门委员会最新发布的气候变化科学评估报告指明，工业革命以来，人类活动排放的温室气体是全球和大多数地区极端高温增多、增强的主要驱动因子。如果没有人类活动对气候系统的影响，全球多个区域遭受的极端热事件及突破历史纪录的高温事件几乎不可能发生。这背后的逻辑可以理解为气候平均状态的持续变化，有利于某些极端事件增多变强，如平均温度的上升为极端高温的发生提供了更有利的基本条件。随着变暖，大气持水能力会增加，有利于极端降水强度的增强。在全球变暖的背景下，未来中国区域年平均气温的增加幅度将明显高于全球，区域平均年降水量呈增加趋势。其中，在高排放情景下，至 21 世纪末升温幅度可能达到 6.5 摄氏度，区域平均年降水量将增加 18%。与平均气候相比，极端气候事件对全球增温的响应更加敏感，极端气候事件频率和强度的变化对区域环境和经济社会的影响更大。未来中国地区极端暖事件将会增加，极端冷事件将会减少。目前 50 年一遇的极端高温事件在 21 世纪末将变为 1~2 年一遇，意味着现在发生的破纪录的极端高温事件会变成经常发生的事件。相比其他地区，城市对气候灾害具有"放大镜"作用。随着城镇化不断加快，人口经济体量增加，城市暴露度和脆弱性提升，城市大量混凝土表面能够吸收和储存太阳能并在夜间释放，城市中的生产生活、交通设施等排放热量等因素易造成"热岛效应"。城市中心集中分布着高层建筑物，而植被较少，与郊区共同形成的城市热岛环流使城市上空热对流不断发展，容易引发暴雨。与此同时，伴随着现代化发展，汽车尾气等污染物的排放加速城市上空凝结核的形成，致使城区相比郊区具有更好的降水条件。此外，城市扩张会导致土地利用的变化，最突出的表现为城市的"不透水面"大量增加。降水到达地面后下渗大量减少，积聚于地表产生城市内涝，同时引发各类风险。当前和未来一段时期，我国城市适应气候变化仍面临诸多挑战。一是城市适应气候变化相关理论研究、技术研发相对薄弱，知识和经验供给仍不充分，先进适应理论、适应技术储备不足。二是城市适应气候变化的体制机制尚不完善。三是城市适应气候变化的基础薄弱，行动力度不足。城市适应气候变化的市政基础设施不足，行动尚未全面开展，能力有待提升，全社会自觉参与适应气候变化行动的氛围尚未完全形成。与欧美发达国家相比，虽然我国城市适应气候变化行动起步较晚，但进步较快，第一批适应气候变化试点城市建设取得预期成效。暴雨内涝和高温热浪是我国城市面临的重要气象灾害。在国际上，鹿特丹的"多级蓄水开放空间设计理念"、哥本哈根的"基于多用途空间设计的暴雨管理体系"、《伦敦气候变化适应战略》、《纽约适应计划》、《新加坡气候行动计划》等成功案例，对我国实施城市适应气候变化战略都具有借鉴意义。

三、教学设计

1. 个案启发法

城市"热岛效应"指的是城市气温明显高于外围郊区。2001 年以来，以天津市为例，其城市热岛区域由中心城区迅速向外辐射扩张，连接成片，热岛仍在不断地增大。2017 年以来，随着绿色生态屏障建设启动，规划管控大量植树绿化，绿色森林屏障的部署得以施行。通过水生态环境治理、"散乱污"企业的取缔、绿化改造等，天津市气候中心科研团队成功地做到了为城市热岛降温。

对个别案例的重点学习，能够促使我们用发散性思维解读身边的案例现象。例如，研究京津冀的协同气候变化治理问题，把天津作为个别案例；研究极寒问题，把东北地区的长白山地带作为案例；研究气候变化、全球变暖、气温上升，把某一个国家或地区作为案例。个案启发法能够将学生的视野从偏于宏观的视角引入微观的行政治理层面，通过具体的治理行为达成预期教学效果。鼓励学生把解决问题作为最高目标，无论是在个案的学习方面，还是在建言献策的维度，都能够紧紧围绕微观的、具体发生的事情得出结论。

2. 隐性价值嵌入法

习近平总书记曾经提出关于思政课教育的八个相统一，显性教育与隐性教育相统一就是其中一个重要维度。我们要将隐性的价值理念嵌入客观的政策解读、方案制定，隐性价值嵌入的方法是课程思政可以挖掘的重要因素。隐性教育通过传达价值观、塑造情怀、慰藉情绪、矫正态度的教学理念，达成教学目的。

四、案例思考与评析

在全球的大气污染治理维度，我国仍旧是一个发展中国家，要善于利用国际平台和资源助力我国的大气污染治理，如世界银行就对我国环境污染治理有着多重帮助。在新时代，我国也开始更加主动地参与到全球大气污染治理的进程中，通过亚洲基础设施投资银行、丝路基金等经济援建机构，切实地为改善环境污染治理发挥着重要作用。"北京共识"强调的是就事论事，围绕经济谈经济，在治理的维度需要有较为大型的组织与我们进行金融风险共享。与此同时，我们也要有忧患意识、底线思维，应对气候变化的风险挑战。为推进城市的绿色治理，世界银行等国际组织与中国政府都不遗余力地提倡进行各种各样的合作，使相关的技术产业项目落地，而促进项目落地的重要路径就是将融资结构、资本的政治话语体系有效地融通，转变为行动方案和技术路线图。

在国际上，不论是英国，还是美国、加拿大，这些西方国家的气候变化问题出现较早，工业化的撞击和矛盾也随即出现，因此在一些试点城市进行实践的经验较多。我国可以更多地实行"放管服"，把服务作为最原初的导向，不断地寻求合作契机，加入横向和纵向的治理网络。在经验、资金、技术方面，全方位、多维度地提升可选择的选项数量，最终达到善治。

五、案例提问与解析

1. 分析世界银行对我国生态文明相关项目的投资理念。

2. 京津冀地区的协同发展为生态系统治理提供了怎样的契机，其他地区可以如何借鉴这些经验？

3. 如何打造新型生态友好的城市、乡村政治景观？

1. 参考答案：世界银行对我国生态文明相关项目的投资有着比较严苛的要求。除了同相关财务部门进行一系列的磋商与对接，世界银行的惯例是派出一支专家队伍到当地进行可行性现场调研。如果最后的可行性报告并不能够满足他们对于发展之后相应政策转型的要求，则会影响整个贷款的获批速度及可能。整体而言，这样的政策对于广大发展中国家既有吸引力，又有一定的压力。虽然世界银行等西方国家主导的国际金融平台在发展理念上居于全球主流地位，但是更尊重多样性的亚洲基础设施投资银行才在未来更具有市场。

2. 参考答案：京津冀地区的协同发展为生态系统的治理树立了非常优异的范本。通过城市主导对接国际组织，在资金和治理维度上都有了一定的抓手。在开发相关的科技范畴和大气污染治理方面，可以供同等级别的地区参考借鉴经验。京津冀地区、长三角地区、粤港澳大湾区等，也都有各自面临的生态系统治理的挑战与难题。如何化危为机、凝心聚力，以地区的共性治理难题，一次性打包上下游面临的生态治理挑战，再对相应的国际机构提出资金上援助的诉求，这样的模式既有政策创新价值，又有极大落地的可能性。其他地区可以用类似的手段不断丰富完善自身治理系统，提高治理成熟度，将京津冀模式推广全国。

3. 参考答案：在完善治理问题的同时，打造生态友好的城市、乡村政治景观。例如，案例中天津的治理经验，即打造生态友好的城市—乡村联动的政治景观。打造相应的政治景观，首先要对当地的生态问题进行精准的定位；其次要能够借助平行的、横向的及纵向垂直的政策进行总结分类，通过经济支柱产业吸引而来的资源打造相应的政治景观。反过来这些政治景观的构建也会反哺一个地区的治理效能，即通过形象的打造、模式的推广，不断扩大实体景观及虚拟景观的影响力，通过吸引注意力赢得赞誉与认可，不断地形成辐射效应和反哺效应；打造出来的政治景观既是一种模式，能够解决治理的危机与挑战，又是一道风景线，甚至能够通过智慧的、综合的治理创收，闯出名堂。

六、拓展学习资料

【1】［美］尼克·达拉斯. 低碳经济的24堂课［M］. 王瑶，译. 北京：电子工业出版社，2010.

【2】[美]罗伯特·C. 希金斯. 财务管理分析[M]. 沈艺峰, 译. 北京：北京大学出版社, 2003.

【3】薛进军, 赵忠秀, 戴彦德, 等. 中国低碳经济发展报告 (2017)[M]. 北京：社会科学文献出版社, 2017.

【4】杨东平. 中国环境发展报告 (2009)[M]. 北京：社会科学文献出版社, 2009.

【5】钟筱红, 彭丁带. 维护环境安全：控制外国污染转移法律问题及其对策研究[M]. 北京：法律出版社, 2009.

案例十五　减缓政策对于气候变化治理的积极意义

一、学习要点与概述

◎自愿型政策工具

为了减缓气候变化带来的负面影响, 可以在相应的应对技术维度进行创新与应用。首先, 命令控制型政策工具强调通过自上而下的顶层制度构造, 国家行政部门通过相关的法律法规, 对相关生产企业的工艺方法, 包括污染物的排放作出相应的规定。在我国, 命令控制型政策工具较为常见, 同技术标准性能关联起来, 通过一定的法律法规和相应的监督管理, 不断地严格执行技术标准。命令控制型政策工具需要有法律政治作为依托, 并且制定相应的惩罚措施, 只有这样才能够提升其政府执行能力。

除了在政治权威的端口展开相应的减缓措施, 包括碳税、碳排放交易及相应的补贴机制在内的市场工具也是常用的政策工具之一。碳税是指对二氧化碳排放量征收一定的税, 这是英国新古典经济学家庇古在 20 世纪 30 年代提出的, 通过对污染者征税来弥补这种差异, 二氧化碳的排放量由此能够得到相应的细化与政策解释。碳排放权交易机制也是十分重要的市场政策调节手段，其理论依据是科斯定理，是科斯于 20 世纪 60 年代提出的压低交易成本实现碳排放的交易机制。碳排放交易机制可以分为强制性碳交易市场和自愿性碳交易市场，还可以分为基于配额的交易和基于信用的交易等。从多元的碳交易实践中可以得出结论：碳排放权具有金融产品特性，成功的碳排放交易必须有发达的金融体系做支撑，否则难以运行。

碳金融产品的交易市场，可以分为一级市场（初级市场）、二级市场和三级市场。二级市场是指碳排放权的持有者开展现货交易，三级市场是碳金融市场。通过三层分配制度可以发现市场开放程度不断增加，市场壁垒不断变小，碳金融生态体系通过一些现实的政策手段，在能源、交通、建筑等部门，能够将现有的技术格局变得更加灵活。自愿型政策工具既有正式的，又有非正式的；既有国家政府牵头的，又有企业自主选择培育的。自愿协议的特点，就是灵活性强、适用范围广，可以在一定程度上降低企业环境规制成本，与环境政策法规互为补充，但违约的惩罚措施不太明确。

二、思政案例

光伏能源利用的创新技术对核心竞争力的驱动

太阳能是地球上可开发量较大的能源，且太阳能的开发利用不会对环境造成太大污染，在很多领域都有不俗的表现。太阳能应用在建筑领域成为节能降耗的有效措施之一。

目前，随着科学技术的进步，人们对太阳能的开发利用技术越来越成熟，在建筑设计中推广应用太阳能利用技术成为重要的研究课题。由徐燊编写，中国建筑工业出版社于 2021 年 7 月出版的《太阳能建筑设计（第 2 版）》一书，详细介绍了太阳能的光热利用技术，分析了其在建筑设计中的应用案例，为我国建筑的节能设计提供了理论参考。

在现代社会，太阳能常被用于发电或作为热源使用，作为新型清洁能源之一，太阳能的利用范围很广泛，光伏发电技术与光热技术是其较为普遍的应用方式，在建筑领域，太阳能利用技术也发挥着重要作用，其主要表现在以下三个方面。

第一，太阳能热技术的应用。太阳能热技术利用主要表现在太阳能供热、制冷等方面，如建筑内部采暖系统、给水系统便充分利用这一技术，借助太阳能空调、热水器等家用电器来实现建筑内部设计。热水系统与空调供暖制冷系统是提高建筑内部环境质量、满足使用者功能需求的重要组成部分。传统供暖与热水系统采用普通能源进行能量转换，对环境造成严重影响，人们利用太阳能这一清洁能源进行建筑一体化设计，可以实现建筑节能的目的。

第二，太阳能光技术在建筑领域的应用。建筑中的光电系统是其设计工作的重要内容之一。目前，人们通过两种方式实现太阳能光电技术在建筑设计领域的应用：一方面，合理设计建筑物的空间布局，希望直接利用太阳光来满足建筑物的自然采光问题，减少人造光源的能耗；另一方面，利用太阳能技术实现光电转换，为建筑物的照明系统与其他用电系统提供便利。

第三，太阳能技术在植树造林方面的应用。植树造林促进碳排放的吸收，太阳能技术的创新将会大大提升太阳能辐射，使碳吸收量增多，太阳能技术的创新为创建环境友好型社会与可持续发展提供了重要指导。

作为光伏产业技术后起之秀，中国光伏产业快速掌握了在产业链领域的绝对优势，除了个别领域，目前光伏产业整体国产化比例很高，如银浆等关键材料领域。在帝科股份等龙头企业的努力下，国产材料替代的进展也相当顺利，目前国产银浆已经占领光伏银浆领域的半壁江山。

通信设备行业中的代表企业如华为、中兴等是中国企业中最早走出国门直面全球竞争的一批先行者。从中国通信市场被海外巨头七国八制市场垄断的局面出发，通过四十年筚路蓝缕、拼搏创新，经历了 3G 时代跟随、4G 时代并肩、5G 时代领先的发展历程，其间也应对并克服了大量的知识产权问题与挑战。

经过 20 余年的发展，中国光伏产业取得了举世瞩目的成就，在光伏产业链整合集中方面也具有独特优势。中国光伏的龙头企业应继续强化核心技术储备，提升企业的可持续性创新能力，熟练掌握并运用国际知识产权规则，把握当下全球碳中和可再生新能源发展的黄金时期，成为执掌全球光伏产业发展方向的战略性产业新标杆。

碳中和目标下银行绿色金融产品创新全解析

发展绿色金融是实现"双碳"目标的重要保障。随着国家绿色金融政策的不断完善、绿色产业的不断发展、绿色金融创新经验的大力推广，我国绿色金融体系建设发展迅速，业务种类不断丰富，产品规模不断扩大。尤其在其中占据核心地位的银行业，围绕绿色、低碳和可持续发展，从机制、产品、能力等多方面修炼自身的内功，真正把绿色发展融入血液。

随着中国绿色金融的不断发展，银行绿色金融产品也在不断丰富。一方面，银行用传统的信贷方式向绿色产业和绿色项目提供支持，如传统的项目融资、银团贷款等；同时在绿色金融的细分领域展开创新，如推出能效贷款、国际转贷款、合同能源管理专项融资、光伏贷等。另一方面，银行也通过很多非信贷的方式，为绿色产业和绿色项目提供融资服务，如绿色债券、绿色信托、绿色基金等。同时，随着绿色金融的发展，市场上也逐渐出现了面向个人的绿色零售产品，如低碳信用卡、绿色柜台债、绿色理财等。

银行的绿色信贷产品创新主要通过商业模式、交易结构、抵押担保方式等方面的创新来实现。合作模式主要是国际机构提供低成本资金，国内合作商业银行配置一定比例的资金，共同对符合要求的客户和项目发放绿色信贷。2019年，华夏银行与世界银行合作京津冀大气污染防治项目转贷后，又和世界银行签署了"中国可再生能源和电池储能促进项目"，项目规模达7.5亿美元，其中世界银行提供3亿美元，华夏银行配套等值4.5亿美元的人民币贷款资金，贷款期限为18年。同年，南京银行和法国开发署（AFD）签署国内首个绿色金融非主权贷款合作协议。法国开发署在为绿色项目提供资金支持的同时，还将向南京银行提供绿色金融能力建设和专业技术支持，助力南京银行发展绿色金融业务。除了和国际机构合作转贷，银行还同地方政府合作，进行绿色金融产品创新。绿色金融业务领域已开始从面向企业的传统绿色信贷业务，不断延伸到绿色供应链金融业务、绿色零售业务等。

绿色供应链金融是绿色金融、供应链金融和绿色供应链三者的有机结合。与一般供应链金融强调贸易真实及核心企业实力相比，绿色供应链金融在此基础上还要关注环境保护，因此绿色供应链是实现企业经济发展与生态环境相结合的重要手段。目前，银行主要依托核心企业的绿色供应链进行管理，对供应商的绿色评级、评价等提供差异化的融资服务。

　　在资产端，绿色零售信贷起步。国际上，绿色零售业务主要涉及绿色消费信贷，或者说是绿色零售信贷。在国际消费信贷不断发展的过程中，国际绿色消费信贷产品也随之出现。绿色消费信贷通过金融机构向个人消费者和家庭提供用于绿色消费的信贷工具，引导消费者形成绿色消费理念，实现经济的可持续发展。在国内，已经有部分银行正在从面向企业的绿色金融服务延伸至面向个人的绿色金融业务，绿色消费信贷是银行个人绿色金融业务最重要的方面。例如，为购买绿色建筑、被动式建筑和装配式建筑提供的绿色建筑按揭贷款；为购买节能型、新能源汽车等绿色交通工具提供的绿色汽车消费贷款等。

　　总体来看，目前我国绿色消费信贷处于起步阶段。安吉农商银行通过充分利用"两山绿币"普及面广、受众对象多的优势，同步在资产端和负债端开发绿色零售类产品。例如，该行开发的"绿色信用贷"贷款利率直接与"两山绿币"值挂钩，"两山绿币"值越高则贷款利率越优惠，最低可执行贷款市场报价利率（LPR），客户最高可获得 30 万元额度，并通过绿色专线渠道方式告知客户获得的绿色授信额度及利率定价，需要用信的客户直接登录手机银行便可进行额度申请、用信放款、提前还款等一体化操作。"绿色信用贷"鼓励客户开展绿色消费，引导客户购买环保材料、节能家电等绿色产品。"绿币"挂钩绿色存款产品，客户可以享受该行优惠的绿色存款产品。"绿币"还可以兑换银行礼品和在指定地点进行"1 绿币 = 1 元"抵现场景消费。据统计，此产品目前吸纳了超过 15 万的客户，并以"绿币"为载体开展了"绿色金融助力全民健身徒步行""宝贝植树计划"等一系列绿色公益活动，有效提升了该行的绿色银行形象。

三、教学设计

1. 混合式教学法

混合式教学法是指线上线下相结合，通过慕课预习、电子作业等混合式教学手段，提升课堂的多样性。开展混合教学的最终目的不是使用在线平台或建设数字化的教学资源，而是有效提升绝大部分学生学习的深度和广度。通过引导学生的"线上+线下"混合模式的课程预习方法，通过学习资源对所学课程进行预习，并对本节课所讲述的重点内容和难点做好记录，在课堂上与教师、同学进行讨论和互动，形成头脑风暴。在关于太阳能等光伏技术创新和跨国合作的相关领域，可以利用公开课、慕课等视频资源形成初步认知。教师也可以根据学生对知识的把握程度对资源进行整合，一方面加强课前预习对教学重点内容的把握；另一方面拓展学生的科学视野和见识，从而提升教学的高度和学生的学习深度。

2. 交叉学科教学法

光伏等相关议题是典型的交叉学科案例，交叉学科教学法要求在教学过程中更注重因材施教、培养学生的学习兴趣，运用现代化教学手段，结合学科最新成果与科技实现跨学科资源的跨时空共享，激发学生对学科知识、交叉技术的兴趣，寻求适合自身学习情况的有益方式，实现跨学科、多层面教学互动。在思政教学环节，可以通过光伏、太阳能、产业经济、机械工业等交叉学科，结合多个专业领域的知识，以复合式学科知识加快构建跨学科教学法，快速打通学科间知识的联结障碍，拓展学生的视野，真正地实现超越课堂空间。此外，还可以提升学生的求知欲，知识的学习不应仅局限于试卷上，还应该应用到未来的生活中，交叉学科教学法可以使不同维度的科目更好地串联起来，使其更好地应用于实际生活。

3. 主体代入教学法

想象如果参与政策制定、出台、践行，如何扮演好自身角色。主体教学法是指通过学生主动性学习获取知识的方法，以培养学生的综合素质为目的，以研究实际问题为课程方式，着重培养学生对原理及方法的掌握，引导学生根据自己的需求建立知识框架，设计全新的探索过程，以获得自由且具有完整思考的自我体验。代入教学法是通过扮演一种角色引导学生产生代入感，使学生身临其境，更有兴趣及兴致投入学习中的一种方法。在本案例中主体代入教学法，就是在教学过程中，让学生把自己想象成主管部门的领导者，通过对我国国情及当前形势的分析，制定绿色产业创新发展的政策，对实现碳中和提出相应的解决方法，使绿色金融政策不断完善、绿色产业不断发展、绿色金融创新经验不断推广。这种教学方法可以使学生的体验感更加真实，从而直接影响课堂内外部的气氛、场景等。

4. 辩证思维教学法

辩证思维教学法是指以辩证的观点、发展的眼光看待事物，是客观辩证法本身的发展规律在思维中的反映过程。恩格斯在《自然辩证法》一书中阐述辩证思维时，以唯物辩证法为指导，揭示了思维形式由低级到高级的发展和各种思维形式、思维方法的相互关系，并且指出了形式逻辑和辩证逻辑的区别。辩证思维的特点，并非研究抽象思维的外在形式，而是研究世界的所有内容及对它的认识的发展规律，研究事物的内在矛盾运动及其相互转化。因此，辩证思维要求思维的客观内容与思维形式相统一，思维形式能在辩证的联系和发展中反映客观世界。在运用辩证思维教学法的过程中，可以指导学生建立国家与社会在经济发展与环境治理方面的联系，辨析两者的关联性与差异性，从而提出见解和思考。从国家到社会体现自上而下的立法强制性，从社会到国家则是自下而上的意识自觉性。通过立法助推，逐层递进，对银行绿色金融产品创新进行全方面解析，更好地学习了解融合创新绿色金融举措。

四、案例思考与评析

案例介绍了太阳能作为新型的能源，与光伏发电技术和光热技术在实际应用中对人类生活产生的重要影响。利用太阳能这一清洁能源，不仅实现了对建筑节能的优化目标，同时合理地利用太阳能技术实现光电转换，为建筑照明系统提供了便利，还为植树造林环境提供了重要指导。光伏技术、光伏产业取得的成就举世瞩目，对于国家光伏产业发展而言，规模如果受到控制，发展就会受到打压。例如，印度是中国光伏产业最大的海外出口市场，中国作为印度最大的光伏组件来源国，印度提出对我国施加惩罚性的关税。2018 年 6 月，美国再次对进口中国的太阳能电池和组件额外收取 25% 的关税。在多个国家对我国光伏企业围追堵截的窘境下，进一步提高核心竞争力、降低成本，成为占据市场份额的重要方式。因此，我们必须引导学生正确认识并理解加快产业结构的升级、转型和调整，对于光伏制造行业向全球价值链输出的巨大产业价值。只有将核心技术牢牢掌握在自己的手中，才能在动荡的国内外市场中站稳脚跟。同时，面对不利的境地，应当把握机会，寻求创新发展，为提高自身的竞争优势不断开创新局面。

本案例对融合创新绿色金融产品、创新举措进行了详细介绍。随着绿色金融产品不断丰富，碳达峰、碳中和目标对于绿色金融发展提出了更高的要求，而我国绿色金融存在业务规模增长迅速而盈利不足，约束机制不够完善等问题。当前，我国绿色金融产品种类较为缺少，绿色信贷和绿色债券等产品较少，期货等衍生品尚未开展交易，产品和服务的创新性不足。在碳达峰、碳中和目标指引下，浦发银行积极探索绿色金融创新业务，推出可持续性金融衍生贷款。此类相关业务模式通过预设的减排目标，降低企业融资利率，从而更加关注减碳降碳，推动绿色发展。在进行案例思政教学时，不仅要向学生介绍我国大力发展绿色金融和气候融资的专业理论知识，还要阐述推动绿色标准对于构建国家和市场互通的必要性，从而引导学生正确认识我国绿色金融探索中面临的困难与挑战。构建人类命运共同体的过程中，要加强国际间交流与合作，参考借鉴更多海外市场的探索经验与成果，在全球绿色金融体系构建中提供中国方案和中国智慧。

五、案例提问与解析

1. 太阳能技术创新与植树造林之间有怎样的关系？

2. 太阳能技术创新对我国有怎样的帮助？

3. 为实现太阳能技术创新，我国应做出怎样的努力？

4. 为实现碳中和目标，我国还要做出哪些努力？

5. 国家绿色金融政策的不断完善对融合创新绿色金融举措、积极建构自愿型碳减排市场有什么积极作用？

6. 我国绿色金融、银行业绿色金融产品有哪些发展？它们是如何发展的？

1. 参考答案：太阳能技术的优势主要体现在四个方面，普遍性、无害性、巨大性、长久性。就无害性和巨大性而言，无害性是指开发利用太阳能不会污染环境，它是最清洁的能源。巨大性的意义即每年到达地球表面的太阳辐射能相当于 130 万亿吨煤燃烧释放的能量，其总量属现今世界上可以开发的最大能源。两者均与植树造林密不可分。植树造林能够促进碳排放的吸收，太阳能技术的创新将会大大提升太阳能辐射，从而对环境的影响变少，无论是在经济还是环境方面都会有巨大的提升。由此可见，太阳能技术的创新与植树造林互利共生。就普遍性和长久性而言，太阳能技术的创新会大大减少对其他能源的开采，尤其是对化石等不可再生能源的开采，太阳能技术的创新能够大大减少能源方面的问题。太阳能光伏发电方面，我国已经形成了硅材料、硅片、电池、组件为核心的晶体硅电池产业化技术体系，掌握了效率 20% 以上的背钝化电池（PERC）、选择性发射极电池（SE）、全背结电池、金属穿孔卷绕（MWT）电池等高效晶体硅电池制备及工艺技术，规模化生产的 p 型单晶 PERC 电池平均转换效率达到 23.1%，实验室最高效率超过了 24.1%。批量生产常规多晶硅电池效率 19.5%，多晶硅电池实验室最高效率超过 23%，创造了多晶硅电池效率的世界纪录。通过并购和国际合作使我国硅基、碲化镉（CdTe）、铜铟镓硒（CIGS）等薄膜电池的研究和技术水平得到快速提升。

2. 参考答案：太阳能技术创新在我国颇有成效，就建筑节能而言，建筑能耗节能率最高可达 58%，大大减少了能源方面的消耗。有学者对一些太阳能技术示范性建筑进行光伏光热综合系统的实验研究，结果显示光伏发电平均效率在 12.6%，光伏热水模块系统发电平均效率在 10.0%。除此之外，学界对太阳能热水系统及其经济效益和环境效益也作出了评估，结果显示热水系统前期投入的成本最短在不到 7 年即可全部收回，平均每年就可以节约电费 50 余万元，平均每年减少碳排放 300 余吨。无论是在经济方面还是环境方面，太阳能技术都是质的飞跃，对国家乃至世界都有深远的影响。

3. 参考答案：太阳能除了具有资源丰富、清洁、环境友好等特点，还具有能量密度较低、一定的间歇性和波动性等特点，在科技创新和技术发展，以及能源政策环境等方面都面临许多艰巨的任务。除了光伏发电技术本身，多能互补技术、储能技术、智能电网技术的发展均有助于克服其间歇性和波动性的不足，促进太阳能发电技术的发展和大规模应用。中国应继续加大太阳能燃料技术的研发力度，强化太阳能发电技术与建筑等基础设施一体化应用技术的研发和应用，选择阳光资源丰富的地区开展典型示范工程，推进太阳能技术的工业化生产进程。

4. 参考答案：2020 年 9 月 22 日，习近平主席在第七十五届联合国大会一般性辩论上发表重要讲话，表示"中国将提高国家自主贡献力度，采取更加有力的政策和措施，二氧化碳排放力争于 2030 年前达到峰值，努力争取 2060 年前实现碳中和"。为实现以上目标，我国需要做出以下努力：首先，发展绿色金融是实现上述目标的重要保障。大力发展绿色金融，就要发展绿色信贷和绿色直接融资，增强对金融机构绿色金融业绩评价考核力度。其次，积极应对气候风险。气候风险引发的金融风险是一种复合型风险，在全球范围内，金融机构对这种新型风险的认识都非常有限，主动识别和应对气候风险的方法不足。因此，要提出有效措施来积极应对气候风险。最后，要助力产业转型问题，在"双碳"目标下，各行业大多面对绿色低碳转型的挑战，其中"两高"行业转型问题比较突出。对于金融机构而言，既要有效帮助行业实现转型升级，又要稳妥防范转型可能引发的金融风险，这样才能更好地实现"碳中和"目标。

5. 参考答案：党的二十大报告提出"完善支持绿色发展的财税、金融、投资、价格政策和标准体系"，凸显了金融在推动绿色转型发展方面的重要意义。随着国家绿色金融政策的不断优化、绿色产业的不断沿革、绿色金融创新经验的大力扩充，我国绿色金融体系建设发展迅速，业务种类不断丰富，产品规模不断扩大。尤其在其中占据核心地位的银行业围绕绿色、低碳和可持续发展，从机制、产品、能力等多方面修炼自身的内功，真正把绿色发展融入血液。

6. 参考答案：（1）绿色金融产品不断从表内业务向表外延展。一方面，银行用传统的信贷方式向绿色产业和绿色项目提供支持，如传统的项目融资、银团贷款等，同时，在绿色金融的细分领域展开创新，如推出能效贷款、国际转贷款、合同能源管理专项融资、光伏贷等；另一方面，银行也通过非信贷的方式为绿色产业和绿色项目提供融资服务，如绿色债券、绿色信托、绿色基金等，同时，随着绿色金融的发展，市场上也逐渐出现了面向个人的绿色零售产品，如低碳信用卡、绿色柜台债、绿色理财等。

（2）商业银行推出绿色供应链金融业务。一方面，运用绿色供应链金融服务支持绿色设备生产商的生产与销售、下游企业购买绿色设备；另一方面，发展绿色标识产品贸易融资，如运用票据、控货融资、绿色产品买方信贷、保付代理、应收账款、质押融资等供应链金融工具，可以支持下游贸易商或企业采购绿色标识产品。

（3）我国绿色零售业务日益兴起。在国内，已经有一些银行正在从面向企业的绿色金融服务延伸至面向个人的绿色金融业务，绿色消费信贷是银行个人绿色金融业务的重要方面。近年来，多家商业银行开始对不同类型的绿色产品及资金需求进行有益探索，推出了相应产品种类。

虽然，我国绿色消费信贷正处于起步阶段，但相信只要银行不断提升绿色消费的意识，重视发展绿色消费金融业务，促进消费绿色转型升级，就一定会实现"碳中和"目标。

六、拓展学习资源

【1】魏曙光．循环经济理念下的我国新兴能源发展战略的若干问题研究[M]．北京：经济科学出版社，2012．

【2】钱伯章．新能源：后石油时代的必然选择[M]．北京：化学工业出版社，2007．

【3】中国法学会能源法研究会．中国能源法研究报告（2011）[M]．北京：立信会计出版社，2012．

【4】王仲颖，任东明，高虎，等．可再生能源规模化发展战略与支持政策研究［M］．北京：中国经济出版社，2012．

【5】栗宝卿．促进可再生能源发展的财税政策研究［M］．北京：中国税务出版社，2010．

【6】张兴，曹仁贤．太阳能光伏并网发电及其逆变控制［M］．北京：机械工业出版社，2010．

【7】陈诗一．绿色金融概论［M］．上海：复旦大学出版社，2019．

【8】陈惠珍．中国碳排放权交易监管法律制度研究［M］．北京：社会科学文献出版社，2016．

【9】曹明德．中国碳排放交易法律制度研究［M］．北京：中国政法大学出版社，2016．

【10】上海联合产权交易所，上海环境能源交易所．全国碳排放权交易市场建设探索和实践研究［M］．上海：上海财经大学出版社，2021．

第六章

排放情景研究及应用

【学习目标】

气候变化影响着人们的生活，对人居环境、生活、产业发展产生重要影响。通过本章学习，希望学生能够客观地认识变革地方经济发展模式的必要性，从而引领低碳的可持续发展模式。虽然气候变化对于第一产业的影响较为直观，但是对于普通大众居住的环境而言有着更为深刻的影响。在地方经济发展过程中，如何理解气候变化带来的影响，并且进行客观的科学治理，这是本案例的学习目标。

本案例的主要目的是厘清经济发展水平同绿色低碳产业的关系，使民众认同发展要依靠绿色低碳，绿色低碳本身就蕴含着经济发展与美好幸福生活的达成。这是本案例的主要学习目标与学习难点。当前，我们将经济发展统筹规划为生态的发展和绿色的发展，将我国国情、世界的大势同绿色生态文明发展紧密联系起来，使学生充分认识到气候变化与能源产业、重工业等都有十分重要的关系。工业革命之后，人类活动对气候变化的影响日益显著。全球气温升高将导致制冷能耗的增加。简而言之，我们需要各种各样的能源产业，保证基本的生产生活需求。特别是在夏季，全球各个国家或地区，高温极热天气将需要大量的制冷能源，不同地区、不同季节、不同国情对能源的需求不尽相同，但都在飞速增长。许多学者对此展开相关研究，然而已有研究的结果差异较大，由此表明需要根据具体情境多元化地量身定制相关政策与行动方案。

案例十六　排放情景研究之于气候变化治理的价值

一、学习要点与概述

◎排放情景的定义分析

政府关于碳综合、碳排放、碳交易的相应举措，都势必对碳市场的发展产生十分重要的影响。情景研究方法适用于我国的现状，在此基础上，对未来发展的关键因素以及这些变量之间的关系提出一种假设，并且通过严密的逻辑推理来构想各种可能的未来场景。同样地，排放情景研究是对可能出现的未来情形，以及实现各种未来情形的途径的描述。针对跨国情景排放的动态问题，如气候变化，情景分析是一个非常重要且有益的工具，它既是定量的，又是定性的。

经验分析是指通过要求研究者分析未来可能发生的每件事情的概率，在一定的区间预测这些事情成真的可能性。经验分析具有以下显著的特征：第一，其发展模式是多元的和不确定的，结果是多维的。第二，承认人在这一过程中发挥主要的能动作用，把决策者的愿望这一主观理念作为重要的情景因素融入分析。第三，情景分析方法十分重视系统研究视角，将定性融入定量，将定量融入定性。多维性是情景分析非常重要的一个特征。许多传统预测方法对未来发展结果的导向是单元的、唯一的，但情景分析既可以在时间的跨度上，又可以在过去驱动因素的维度上对未来的发展趋势进行多元化的操作。根据情景分析，我们可以把它分为短期情景、中期情景、长期情景。因此，展望与想象是十分重要的情景分析工具，不论是展望还是想象，情景分析都基于一定数量的变化，从而期待解构或建构事物的来龙去脉。

◎排放情景未来路径的不确定性

排放情景（Mitigation Scenario）与排放路径（Mitigation Pathway）内涵相同，指在未来的某个时间段内，各个环境、社会、经济指标的组合以及相对应的温室气体排放量。此种组合并不是任意取值的，合理的排放情景设计能体现人类与自然的相互作用关系。之所以强调排放情景分析的重要性，是因为未来的路径具有高度的不确定性，路径依赖虽然存在，但在瞬息万变的国际关系背景下，未来排放的因子正处于一个加速增长的快车道，从而影响环境、经济、社会、文化等各个方面。从不同的系统来看，不同的因子之间存在着比较复杂的相互关系。关于排放情景分析，排放要素是被关注的首要因素。排放情景分析不仅需要具有定性的逻辑判断能力，同时还要有定量的工具训练背景，对不同的要素进行赋值，构建排放要素情景分析的发展路径，并在前沿的环境科技研究中应用该种路径。这些模式既包括自上而下的，又包括自下而上的综合评估分析，还要根据构建模型进行一定的人文解读，呈现全球减排目标、排放路径等生动场景。

二、思政案例

我国首批低碳试点城市——深圳的"绿"与"蓝"

改革开放之初，深圳引进的多是高污染、高能耗、高排放的劳动密集型"三来一补"产业。随着经济快速发展，污染物排放迅猛增长。2004年，深圳灰霾天一度达到187天的历史最高值，PM2.5年均浓度超过70微克/立方米。深圳立志消除灰霾，2004年成为深圳的治霾元年。经研究，深圳灰霾的主要成因是PM2.5，其排放源主要来自机动车尾气（占31%）、工业源（占24%）、火电厂（18%）。于是，深圳多管齐下、"精准打击"，从源头开展治理。主要举措包括淘汰钢铁、水泥、电解铝、煤炭等16大重污染行业；通过"油改气"实现火电清洁生产；推动公交电动化，推广港口岸电和低硫油等。2009年至2021年，深圳已连续13年无重度灰霾。2021年，深圳环境空气质量优良率为96.2%；PM2.5平均浓度为18微克/立方米，创有监测数据以来新低；全年共记录到灰霾日2天，创1988年以来新低。"深圳蓝"已经成为深圳城市竞争力的一张亮丽名片。[1]

大力治理环境污染的同时，深圳积极推动产业转型升级，形成了七大战略性新兴产业。应用本地化也助推了新能源汽车等绿色低碳产业的快速发展。2017年，深圳在全球率先实现了公交全面电动化，次年实现出租车全面电动化，获评"全球绿色交通代表案例"，同时也孕育了以比亚迪为代表的一批行业龙头企业，为智能网联汽车产业发展打下了坚实基础。

绿色低碳产业与"双碳"目标协同：深圳明确提出要"以先行示范标准推

---

① "深圳蓝""深圳绿"，城市最亮色［EB/OL］．［2023-05-23］．https://gdxk.southcn.com/sz/xwbd/content/post_682187.html.

进碳达峰、碳中和"。深圳绿色低碳产业应聚焦能源、交通、建筑和数字经济等高能耗、高排放部门，从能源清洁转型、节能提效、智慧交通等方面着手，为探索经济发展与"碳减排"协同并进的高质量"双碳"提供支撑。

产业链、创新链、教育链与人才链协同：深圳在绿色低碳产业方面具有显著的优势，但在源头创新、高等教育和人才等方面仍然相对薄弱。应该根据产业发展实际需求，加快高水平大学和学科建设，加大核心人才的培养和引进力度。同时，推动产业链、创新链、教育链与人才链的协同融合，筑牢向产业链高端发展的基础。

绿色低碳产业与其他产业集群之间的协同：深圳绿色低碳产业与其他产业集群之间存在密切联系，具有非常强的产业带动作用。以智能网联汽车为例，作为汽车制造、信息通信、交通运输等行业深度融合的新兴业态，其产业链条长、科技密度高，从研发、设计、生产到应用，涉及多个战略性新兴产业集群。因此，深圳应通过机制创新，加强产业协同，推动产业集群逐步演化成相互联系的产业生态，并孕育出更多新兴业态。

"硬科技"与"软实力"协同：深圳历来注重制造业的创新发展，"硬科技"已经成为深圳重要的标签之一。然而，对于绿色低碳产业而言，不仅要注重制造领域的技术创新，还要注重制造与服务的深度融合，充分发挥数字技术赋能，强化设计、品牌和知识产权等"软实力"的培育，加快向全球价值链高端跃升。

产业空间的联动协同：应对产业用地短缺，深圳应加强与粤港澳大湾区其他城市之间的产业空间协同。根据绿色低碳产业的特点，在深圳布局一批专业化概念验证中心、小试中试基地，打造"母工厂"，集聚顶尖人才，承担技术研发、工艺改进、新产品试制和员工培训等功能，并以"母工厂"为基础持续向外地"子工厂"输出生产技术、生产设备、核心材料、高级人才等资源。

国内、国外双循环的协同：充分利用现有平台，推动绿色低碳产业融入"双循环"，实现国内、国外市场的协同发展。抓住全球碳中和的机遇，扩大"一带一路"环境技术交流与转移中心等平台的影响力，带动国内外绿色低碳优势资源集聚，创新环境技术交流转移模式，加快推动深圳绿色低碳产业走出去，为绿色"一带一路"建设贡献力量。①

从"两山"理念到"双碳"目标——生态文明强国的建设

　　"两山"理念是习近平生态文明思想的科学内核和鲜明特色。2005 年 8 月 15 日，习近平同志在浙江省安吉县考察时，明确提出了"绿水青山就是金山银山"的科学论断。2006 年，习近平同志进一步总结了人类认识的三个阶段：第一个阶段是"用绿水青山去换金山银山"；第二个阶段是"既要金山银山，但是也要保住绿水青山"；第三个阶段是"绿水青山本身就是金山银山"。党的十八大以来，习近平总书记高度重视生态文明建设。2013 年 9 月 7 日，习近平总书记在哈萨克斯坦纳扎尔巴耶夫大学发表题为《弘扬人民友谊　共创美好未来》的重要演讲。在回答学生关于环境保护的提问时指出："我们既要绿水青山，也要金山银山。宁要绿水青山，不要金山银山，而且绿水青山就是金山银山。"党的十九大把"两山"理念写入《中国共产党章程》，成为生态文明建设的行动指南。习近平总书记在参加十二届全国人民代表大会四次会议黑龙江代表团审议时的讲话指出："绿水青山就是金山银山，黑龙江的冰天雪地也是金山银山。"从而把"绿水青山就是金山银山"延伸出"冰天雪地也是金山银山"。总之，随着优质生态环境稀缺性的加剧及产权界定成本的降低，优质、独特的生态环境及其附加了优质生态环境的生态产品均可能通过市场进行交易，从而实现绿水青山、冰天雪地等生态环境的价值实现。在发展历程上，"两山"理念经历了习近平同志在浙江工作时期的萌发，到在中央工作时期的升华，再到其后续的延伸三个阶段。

　　生态经济化是将自然资源、环境容量、气候容量视作经济资源加以开发、保护和使用。对于自然资源不仅要考察其经济价值，还要考察其生态价值；对于环境资源和气候资源，要根据其稀缺性赋予其价格信号，进行有偿使用和交易。经济生态化包括产业生态化和消费绿色化两个方面。产业生态化就是产业经济活动从有害于生态环境向无害于甚至有利于生态环境的转变

---

　　①　站在"双碳"风口，深圳绿色低碳产业如何腾飞？［EB/OL］．［2023-05-26］．https://baijia-hao.baidu.com/s? id=1736248555409500922&wfr=spider&for=pc.

过程，逐步形成环境友好型、气候友好型的产业经济体系。消费绿色化就是妥善处理人与自然的关系，逐步形成环境友好型的消费意识、消费模式和消费习惯。改变传统的摆阔式消费、破坏性消费、奢侈性消费、一次性消费等消费行为，推进节约型消费、环保型消费、适度型消费、重复性消费等新型消费行为。可见，"绿水青山就是金山银山"既要强调生态环境的价值转化，又要强调经济活动的绿色转型。"两山"理念既具有区域意义，又具有国家意义。

2020 年 9 月 22 日，中华人民共和国国家主席习近平在第七十五届联合国大会上宣布，中国力争 2030 年前二氧化碳排放达到峰值，努力争取 2060 年前实现碳中和目标。2021 年 5 月 26 日，碳达峰碳中和工作领导小组第一次全体会议在北京召开；7 月 16 日，全国碳排放权交易市场正式开市。2021 年 10 月 24 日，中共中央、国务院发布《关于完整准确全面贯彻新发展理念做好碳达峰碳中和工作的意见》。2021 年 12 月 20 日，碳达峰、碳中和入选 2021 年度十大流行语。"双碳"战略倡导绿色、环保、低碳的生活方式。加快降低碳排放步伐，有利于引导绿色技术创新，提高产业和经济的全球竞争力。中国持续推进产业结构和能源结构调整，大力发展可再生能源，在沙漠、戈壁、荒漠地区加快规划建设大型风电光伏基地项目，努力兼顾经济发展和绿色转型同步进行。先进的科学技术，有利于产业腾飞，有利于环保建设。在"双碳"技术传播的进程中，我们看到了科技赋能生态的强大力量，这种力量将随着社会的发展而更加强大，从而更好地造福人类。

三、教学设计

1. 教学场景转换法

无论是线上教学还是线下教学，都可以使用教学场景转换的方法。举例来说，尽管线上教学难以复制现场的课堂场景，但其有超越时空的便利，不论是通过简单的视频播放，还是引荐一些具有相关的从业经验的权威专家进行云端的经验分享，都是比较典型的穿越时空的教学方法。在线下教学的过程中，我们也可以通过实践教学、实验教学引入辩论，引入艺术作品的编排，这些线下教学方法能够有效地使多维度的时空要素融入同一堂气候变化经济学课程。通过相应案例，学生能够更好地产生教学情境转换法的共情效应。该方法是比较经典的一种教学方法，教学场景的转换比较适合大学阶段交叉学科的学习，在实践过程中进行灵活的探索和场景的转换，使课堂更加生动，提升学生学以致用的灵活性。

2. 多向度比较法

不论是从本案例，即深圳的前世今生的纵向维度进行比较，还是在空间意义上，将深圳与国外的一些都市的兴起与发展进行跨越时空的横向比较，我们都既有历史上的纵深，又有地理上的跨度，还可以在不同的产业、产业链、生产过程中的不同环节来进行比较。比较既是相同要素之间的类比，又是不同要素之间的对比，只有通过多向度比较方法，我们才能够全方位地掌握事物发展的客观规律。

这种比较方法能够迅速地将绿色低碳产业与相关城市治理的经验相比较，在大的格局知识板块中进行精准的定位。这将有助于我们尽快补齐发展的短板，创新治理模式，将其推向又一个新的创新维度与高度。

3. 政策解读法

政策解读法要求教师能够弄懂吃透现行政策与之前的政策决定的历史。我们国家对于生态文明治理相关的经济建设有着一系列的举措，从了解国情、地形入手，我们可以鼓励学生理解相关的政策法案背后所蕴含的深刻逻辑与历史追求，对于相关的法律法规、行政公文都要形成具有深度的认识。

4. 思维导图法

在了解政策之后，最重要的目的是能够正确地解读历史发展内涵，从而提出行动方案与结构路线图。思维导图法就是以产出为导向，以学生为中心，通过小组作业的形式，得出相关的思维导图。作为智慧教学翻转课堂十分重要的一个教学方法，思维导图法着重考查学生的发散性思维，将辐射到的这些关键词、关键概念串联起来，形成一定的逻辑关系。

四、案例思考与评析

深圳是我国改革开放的先行示范区，在 20 世纪 80 年代以前，它只是一个普通的小渔村，驾乘改革开放的东风，深圳率先实现了经济发展，取得了一系列成就。当时的产业发展具有一定的局限性，一些高污染、高能耗、高排放的劳动密集型的"三来一补"产业得到快速发展的同时，污染物的排放也迅猛增长。深圳在环境治理中果断地放弃了一些高污染、高能耗的产业，推动油改气。2021 年，深圳环境空气质量的优良率高达 96.2%，"深圳蓝"已经成为城市竞争力的一张名片。深圳为我国环境治理与经济发展提供了新思路、新方法、新策略，不仅在产业发展的末端进行治理、立法、行政改造与改革，而且更加注重上游阶段的源头活水，从创新人才的培育模式入手，积极重视气候变化治理、绿色金融产业发展。只有通过此种方式，才能够形成更多的产业集群，协同发展。生态环境治理还有助于提升城市形象。

从"两山"理念到现在的"双碳"目标，两者的辩证关系是画等号的，既互相促进、彼此成全，又具有同等的重要性。这当中最重要的一个思维逻辑就是生态经济化和经济生态化。

本案例从"两山"理念出发，到"双碳"目标，我们能够看到国家在生态文明建设方面已经有了长足的进步，最后达成可持续发展的目标。通过相应的教学方法，我们看到相应的技术传播，已经在深刻改变着人们对于发展的认知，这种反思促使我们采取更为坚定的行动，建成社会主义现代化强国。

五、案例提问与解析

1. 请联系党的二十大报告中关于创新、科技、人才的论述，分析深圳绿色产业发展的历史与现状。

2. 联系城市治理经济景观的相关理论，分析绿色低碳发展模式对深圳特区的经济价值与意义。

3. 对比伦敦、洛杉矶等全球化大都市的经济发展转型经历，论证推广深圳模式的积极价值。

4. 随着"两山"理念、"双碳"目标等理论概念的发展，维护生态文明的经济价值与意义得以彰显，请结合具体国情阐述其对我国经济发展的意义。

5. 碳达峰与碳中和是我国提出的具有领先性的生态文明治理理念，请结合我国社会主义初级阶段的时代特征，对标中国特色社会主义生态文明的发展谈谈你的看法。

1. 参考答案：党的二十大报告对创新、科技、人才进行了重点的论述分析，在中国式现代化的进程中，依托人才与教育，可以创新我们的发展模式。新发展理念十分强调创新、协调、绿色、开放、共享，作为先导示范区，深圳走在了时代的前沿，早在 21 世纪初，就已经为绿色低碳转型制定了一系列的蓝图、规划、路线图，在发展理念等维度已经有超越之势、引领之势。

深圳加入了诸多的国际行动倡议，在城市治理的维度极大提升了自身的形象认可度，并且成为中国一张亮眼的城市治理和发展模式的名片。党的二十大报告强调生态文明建设，深圳的发展依托顶层的政治制度设计，在高质量发展模式的引领下，走绿色产业的发展道路。

2. 参考答案：深圳特区在改革开放前期依托开放政策进行发展，现在已经取得了科技创新、绿色低碳、人才引领等亮眼成绩。例如，通过孔雀计划吸引国内外的人才等，达成了一种绿色的、创新的、低碳的发展模式。城市治理的经济景观相比地理意义上的人文景观，主要能够帮助人们厘清深圳特区的发展模式。

深圳特区的绿色低碳的发展模式，在政治上具有十分重大的启示意义，这本身就是一种经济效益，从而形成城市治理经济景观的客观过程。

3. 参考答案：深圳作为一个成功转型的年轻大都市，早在 21 世纪初已经加入了国际上的一些组织，对比伦敦、洛杉矶等全球化大都市，深圳模式毫不逊色。在 20 世纪中叶的时候，已经完成几轮工业革命的大都市——伦敦作为金融经济中心，大量的工业生产和居民的燃煤导致废气难以扩散，形成了严重的大气污染事件。在厚重的烟雾笼罩之下，许多市民的生活节奏、身体健康都受到了极大的侵害。伦敦烟雾事件造成了 4000 人以上的死亡，是 20 世纪非常重大的一次环境公害事件。

无独有偶，1943 年，在美国的洛杉矶也出现了一场雾霾之战，当时第二次世界大战还未结束，美国洛杉矶的居民从睡梦中醒来，许多人还以为是遭到了日本的化学武器攻击，空气中弥漫着蓝色的烟雾、刺鼻的气味，很多行人、车辆出行受阻，不断擦拭迎风流泪的双眼。不只是那一天、那一次，在整整一代人的童年记忆中都有不断出现的雾蒙蒙的天气和空气中弥漫着的刺鼻气味，民众的健康权受到了极大的侵害。很快洛杉矶市政府行动起来，关闭了一家化工厂，并且改造了焚烧炉焚烧垃圾的方式，杜绝了在自家后院里制造污染空气的行为。20 世纪 50 年代，洛杉矶的环保部门开始有了更多的举措与调研，认定 85% 以上的雾霾来自汽车尾气，虽然这象征着洛杉矶城市的繁荣，但是也代表了这个城市每天都在消耗大量的原油以及其他的大宗原材料。除此之外，在 20 世纪 50 年代中期，洛杉矶还发生过一次光化学烟雾污染事件，这些直接或者间接地促进《清洁空气法案》的出台。经过 10 余年的努力，洛杉矶的空气开始变好。新加坡也经历了历史性的挑战。深圳模式在很短的时间内，用科学的方法摆脱了雾霾的困扰，而且找到了经济发展的金钥匙，具有积极的推广意义与价值。

4. 参考答案：从"两山"理念到"双碳"目标都凸显了生态文明的经济价值。随着"两山"理念的发展，举国同心，不仅能够直接刺激一些产业，而且更重要的是能够从量变走向质变。

"两山"理念和"双碳"目标是一脉相承的，牢固树立"绿水青山就是金山银山"的理念，将绿色产业的体系环节打通，推动制造业向智能化、绿色化转变。这对于我国经济发展的意义，既是理念上的，又是实践上的，还是路径上的。

5. 参考答案：碳达峰与碳中和目标的提出，是基于推动构建人类命运共同体的责任担当和实现可持续发展的内在要求而作出的重大战略决策，是基于我国仍旧处于社会主义初级阶段的判断而作出的关键决定。要建设具有中国特色社会主义的生态文明，则有必要根据国情、世情提出相应的气候变化治理目标。"双碳"目标正是在为第二个百年目标而奋斗的新征程上，适合我国发展情况而提出的战略目标，能够为打造社会主义生态文明、构筑人类文明新形态发挥十分重要的作用。

六、拓展学习资料

【1】洪大用，范叶超．迈向绿色社会：当代中国环境治理实践与影响［M］．北京：中国人民大学出版社，2020.

【2】牛海鹏．治污减排与结构调整［M］．北京：中国人民大学出版社，2017.

【3】邬彩霞．减少碳排放的环境与贸易政策研究［M］．北京：人民出版社，2015.

【4】徐军委．中国碳排放影响因素分析及减排对策研究［M］．北京：社会科学文献出版社，2016.

【5】沙涛，李群，于法稳．中国碳中和发展报告（2022）［M］．北京：社会科学文献出版社，2022.

【6】王遥，马庆华．地方绿色金融发展指数与评估报告（2019）［M］．北京：中国金融出版社，2019.

【7】王文军．低碳经济发展研究［M］．北京：中国人民大学出版社，2014.

【8】李佐军．中国绿色转型发展报告［M］．北京：中共中央党校出版社，2012.

【9】［美］威廉·诺德豪斯．绿色经济学［M］．北京：中信出版集团，2022.

第七章

应对气候变化的国际合作

【学习目标】

通过本案例的学习与导入，深入了解 20 世纪 50 年代以来气候变化议题的发展，并能够初步区分、思辨人为要素与自然要素在其中发挥的不同作用。通过对相关国际机制与公约框架的发展历程进行梳理，为后续学习内容做好理论铺垫与准备。更为重要的是，引导学生在"实然"的现实情景与"应然"的未来愿景之间把握气候变化议题的演进趋势，有的放矢地分析甚至预测其发展的方向与路线。

将碳市场的交易行为与碳立法上层建筑的构建联系起来进行思考，通过案例中关于欧盟碳中和的立法，总结发展中国家可借鉴的经验。

通过国际的绿色金融探索与合作，引领学生认识到国际合作的重要性、必要性。与此同时，鼓励学生勇于创新，探索新的国际合作对话模式，对全球气候变化探索，形成系统性认知体系。最终让学生认识到，在气候变化的经济维度、政治维度、文化维度、社会福利维度上，我们都要注重国际合作。

案例十七　为什么应对气候变化需要国际合作？

一、学习要点与概述

◎国际合作的必要性与重要性

为了应对气候变化这一典型的全球性问题，我国进行了各种各样的国际合作。气候变化现象不仅是一个科学问题，还是涉及政治、经济、法律、历史等领域的综合性问题；既跨越理科与文科的维度，又跨越时间与空间的限制。因此，解决气候变化问题需要国际社会携手合作。

◎《联合国气候变化框架公约》与气候变化国际合作

为什么应对气候变化需要进行国际合作？在气候变化的维度，它是一个全球性的问题，面临着市场失灵和政府失灵这两种经济学上的现象。很多气候变化的条件，它的产权并不明晰，在经济学的意义上很难进行有效的解构与分析。不同的国家在不同的地域，有着信息不对称的苦恼。通过一些立法以及行政管理，包括经济刺激等手段，政府可以对多项特别是涉及社会公共福利的事业进行干预。围绕着气候变化这一命题，我们能够看到以《联合国气候变化框架公约》为主要体制机制的国际合作在践行的过程中，面对极大的阻碍。在关于气候变化的国际合作和对话中，我们能够看到依托联合国气候变化大会，各个国家会讨论自身的自主贡献，并且设定新的执行目标。关于气候变化的国际合作，在国际气候治理合作中都扮演着十分重要的角色。

二、思政案例

国际社会应对气候变化的体制机制探索

《联合国气候变化框架公约》(*United Nations Framework Convention on Climate Change*, UNFCCC)，于1992年5月通过，同年6月在巴西里约热内卢召开的联合国环境与发展会议期间由各国政府首脑共同开放签署，1994年3月21日该公约对中国正式生效。这次峰会由150多个国家和欧洲经济共同体参加，《联合国气候变化框架公约》由序言及26条正文组成，具有法律约束力，终极目标是将大气温室气体浓度维持在一个稳定的水平，并同时确保不会对气候系统造成危险与干扰。《联合国气候变化框架公约》确立了"共同但有区别的责任"等原则，对发达国家与发展中国家应当履行的义务在内容和程度上都分别做了规定。显而易见的是，发达国家作为温室气体的排放大户，应当在排放量方面对自身有更高标准和更为严格的要求，并且应当向发展中国家提供财力、物力、人力，支持后者在合适的限度内节能减排，履行《联合国气候变化框架公约》规定的义务。发展中国家在履行相关义务时，不承担具有法律约束力的限控义务。自 1995 年起，《联合国气候变化框架公约》缔约方每年都召开缔约方会议（Conferences of the Parties，COP），以求深入推进合作，评估、提升应对气候变化的国际间合作效应。截至 2016 年，《联合国气候变化框架公约》已经涵盖了 197 个缔约方。我国于 1992 年 11 月经全国人大批准《联合国气候变化框架公约》，并于 1993 年 1 月将批准书交存联合国秘书长处，自 1994 年 3 月 21 日起对我国正式生效。

《联合国气候变化框架公约》具有里程碑式的意义，是世界上第一个为全面控制二氧化碳等温室气体排放，以应对全球气候变暖给人类经济和社会带来不利影响的国际公约。1997 年 12 月在日本京都召开的公约第三次缔约方大会上通过了具有划时代意义的《京都议定书》。经由各个缔约方批准之后，《京都议定书》于 2005 年 2 月 16 日正式生效，具有法律效力。《京都议定书》的签订与生效，使温室气体减排成为发达国家的法律义务。通过国际排放贸易机制（International Emissions Trading，IET）、联合履约机制（Joint Implementation，JI）、清洁发展机制（Clean Development Mechanism，CDM）促进发达国家之间、发达国家与发展中国家之间产生规模效应。

2015 年第 21 届联合国气候变化大会通过《巴黎协定》。《巴黎协定》作为《京都议定书》的后续，近 200 个缔约方达成的此协定是第二份有法律约束力的气候协议，为 2020 年后的全球气候变化治理作出了原则性安排，具有公平性、长期性和可行性。《巴黎协定》的目标和愿景是推动构建一个实现脱碳、具有气候韧性和公平包容的全球经济。关于气候变化治理的可持续投资正在如火如荼地进行，但具有实在意义的标准制定、标准执行和相应宣传，仍有很大的提升空间。

欧盟碳中和立法对发展中国家城市试点的启示

联合国政府间气候变化专门委员会（IPCC）于 2018 年 10 月发布《全球升温 1.5℃特别报告》之后，欧盟将碳中和作为减排动力。2019 年 12 月 11 日，《欧洲绿色协议》获得通过。在此基础上，2020 年 3 月 4 日欧盟委员会提出《欧洲气候法》，并将《欧洲绿色协议》中提出的 2050 年碳中和目标写入其中。2021 年 4 月 21 日，欧洲议会和欧盟理事会就《欧洲气候法》达成政治协议。2021 年 6 月 28 日，该法正式生效。这是欧盟碳减排从"分散立法"走向"分散立法+专门立法"的重要标志。至此，欧盟碳中和立法体系基本形成，即以《欧洲气候法》为核心，并涵盖此前发布的《欧盟碳排放交易体系指令》《土地利用、土地利用变化和林业法规》《能源联盟和气候行动治理条例》《促进使用可再生能源条例》《新型乘用车和轻型商用车 CO_2 排放标准》等相关法律文件。

我国已经在中央和地方层面相继发布多项碳中和政策，为碳中和行动奠定了良好基础。不过，为实现"全国一盘棋"，并充分发挥法治固根本、稳预期、利长远的作用，相关立法也需要及时出台。在形式上，相关立法宜在气候变化应对碳中和促进法中实现，并协调《中华人民共和国环境保护法》、《中华人民共和国节约能源法》和《中华人民共和国可再生能源法》等法律的规范逻辑；在内容上，可借鉴欧盟立法，从基本原则和主要规则上加以考虑。

深圳先行先试助力我国碳中和立法的建议。深圳先后发布《深圳率先打造美丽中国典范规划纲要（2020—2035 年）及行动方案（2020—2025 年）》《深圳市生态环境保护"十四五"规划》等政策文件，并借助《深圳经济特区生态环境保护条例》和《深圳经济特区绿色金融条例》为深圳碳达峰、碳中和工作保驾护航。在全国开展碳中和相关立法之际，深圳可立足现有经验，并基于平衡协调原则和"中央—地方"互动逻辑，充分发挥地方能动性，自下而上地推进国家立法。

截至 2022 年 8 月，深圳碳市场碳配额累计成交量达 6929 万吨，成交额为 16.28 亿元。全国碳市场的碳配额分配宜从"免费分配"转向"免费分配+有偿拍卖"，因此深圳碳市场可先行先试，提前探索碳配额管理体制改革，论证"有偿拍卖"对碳交易的促进作用。作为配套措施，宜丰富交易品种，大力发展碳金融衍生品交易，构建碳金融市场，从而与碳市场形成互补互动的双向格局，发挥市场资源优化配置功能。为了谨防数据造假，可基于《深圳市碳排放权交易管理办法》，压实相关主体责任。此外，还应加大深圳与其他试点城市之间的联动。

全球气候变化的国际绿色金融合作探索

近年来，尤其是 2021 年以来，极端天气频发带来一系列灾难性后果，气候问题迅速上升为全球性热议话题，引发各界高度关注。联合国减少灾害风险办公室统计，2020 年全年大型自然灾害发生数为 389 起，造成经济损失 1713 亿美元，超过 2000～2019 年的平均水平，其中，约 90% 的损失是由气候原因造成的。2021 年以来，极端天气与自然灾害交织，重大山火、罕见高温、洪涝灾害、飓风等发生次数多、破坏力大。无论是渐进性的气候变化，还是突发性的自然灾害，对经济增长、金融稳定都造成了严重损害。

鉴于气候变化对人类经济社会生活的重大影响，国际上关于气候变化的应对逐步达成共识，《巴黎协定》的签署，提出将全球气温上升幅度限制在 2 摄氏度以内、力争在 1.5 摄氏度以内的长期目标，设定了 21 世纪下半叶达到温室气体净零排放的短期目标。2021 年 7 月，《联合国气候变化框架公约》秘书处执行秘书呼吁，二十国集团成员应发挥领导作用，以保障《巴黎协定》的气候目标能够实现。越来越多的国家积极响应，做出碳中和承诺，出台应对气候变化的政策措施，向低碳经济转型。截至 2020 年底，全球已有 28 个国家公布碳中和目标，有近 100 个国家将碳中和提上议事日程。

应对气候变化涉及宏观调控、监管、市场变化等诸多方面，各方力量积极探索，共同推进。例如，由法国、中国、荷兰等 8 个国家的中央银行和监管机构联合发起成立"央行与监管机构绿色金融网络"（Central Banks and Supervisors Network for Greening the Financial System，NGFS），共同探索央行和监管机构推动绿色金融发展的政策共识，以帮助分析金融体系面临的潜在损失，已有 91 家央行和监管机构加入。鉴于气候变化对经济增长、金融稳定等带来深远影响，部分央行率先采取措施，将气候因素纳入货币政策框架，积极应对影响日益广泛的气候风险。欧央行、英格兰银行等都已积极探索可行的货币政策方案。

频发的自然灾害使保险公司面临的索赔频率和金额远超预期，甚至出现巨额保险赔付情况。据统计，2020 年因气候灾害造成的全球保险公司损失近 760 亿美元。2021 年初至年中，美国的极端严寒、全球各地的野火和暴雨引发的洪灾，让保险公司的理赔金额飙升。2021年上半年，极端天气让全球保险公司损失400亿美元，是2011年上半年（日本和新西兰发生了特大地震）以来最严重的同期保险损失，也是有记录以来的同期第二大损失。未来20年，保险业虽有能力支撑自然灾害成本的上升，但是随着损失的增大，可能导致保费进一步增加。气候变化不仅使保险公司承保的风险大大增加，还会导致保险产品越来越难以定价，保险公司的经营压力增大。

国际合作在应对气候变化问题上至关重要。目前，已成立气候相关财务信息披露工作组（TCFD）、央行与监管机构绿色金融网络（NGFS）等组织。未来还应当继续加强国际间合作，实现信息互通、经验共享，对受气候相关风险影响较大的产业和地区给予更多关注与援助。在推进相关措施时，还应注重财政、监管、宏观调控、预警等多维度的协同与支持。

三、教学设计

1. 史料教学法

论从史出，如政治学、哲学、历史学都十分强调原始史料的重要性，这是理论创新成果的现实根基与经验来源。作为传统教学中的经典教学方法，史料教学法对气候变化经济学或者宏观意义上的政治经济学有着十分重要的作用。在人类历史发展过程中遗留的原始性痕迹不仅包含了客观事件与事实，还包含了后来者对于这些历史事件的主观解释与能动思辨。气候变化经济学的历史，包括相应的历史叙事结构以及由此形成的一系列历史观点，有其自身发展的痕迹。虽然气候变化经济学是一个年轻的学科分支，但是丝毫没有减少其在学科维度的重要性。学生通过大量的阅读，可以掌握更多的基本历史事实，从而能够在应对理论框架、经济模型的同时展开想象，甚至最后能够提升自己科学分辨史实的能力，达成对未来的预见与判断。在史料教学法施行过程中，通过师生互动、生生互动，可以培养学生理解与分析的能力。

史料教学法同时也考验任课教师对于史料的选择与甄别能力，以及对于史料在教学过程当中的嵌入、把握和运用能力。在教学过程中，史料教学法要求学生在记住史料的基础上，有效对标课程考核标准，从而达成学习目标。本案例从《联合国气候变化框架公约》出发，围绕这一公约的发展史实，结合气候变化成因的背景进行教学设计，不断地提高学生的认识。这对于减少、延缓气候变化带来的负面发展效应，有着十分积极且重要的作用。关于气候变化经济学的讨论离不开发达国家与发展中国家的义务和责任，无法脱离国际关系、国际政治的历史演变。因而，即使是作为经济学门类下的一个前沿分支学科，国际气候变化经济议题也需要引入历史视角。

2. 比较教学法

在了解基本史实的基础之上，比较教学法有助于提高学生对相关课题的认知能力。本章的学习需要了解《联合国气候变化框架公约》，其中最为重要的一对二元关系便是发达国家与发展中国家履行义务的不同以及路线图的差异。众所周知，在《巴黎协定》签署之后，特朗普政府于 2017 年宣布退出《巴黎协定》，并拒绝履行《巴黎协定》所规定的义务与责任。相反，中国力求履行相关的最大发展中国家的义务，在此基础上，较早就开始研究节能减排的发展目标与措施。相较于停留在经验与理论层面的史料教学法，比较教学法更加强调了解《联合国气候变化框架公约》的历史和现状，可以通过类比、对比等进行理解、吸收和转化。例如，在联合国框架之下，人类关于气候变化所做的努力，从《联合国气候变化框架公约》到《京都议定书》，再到《巴黎协定》，都在积极邀请全球的发达国家、发展中国家投入节能减排的低碳行动。比较教学法可以全面深入地理解气候变化的由来与成因，以及人类改善气候变化现状的种种历史努力，最终达到引导、敦促学生提出实践方案，指导相应行动的教学目的。

3. 小组讨论法

在认知历史、比较历史的基础上，将最初教师的单向输出逐渐转变为引导学生进行引领式思考与讨论，直至最后形成以学生为主体的教学样态。让学生结合公约的相关内容进行小组讨论，制作出微信公众号文章、自身形成的思维导图，作为相应学术小论文的框架；同时，在翻转小组讨论的基础上，鼓励不同的小组之间进行生生互动，搭建各种形式的成果导向式教学场景，依托 PBL 理念与 OBE 理念打造生动的课堂教学模式，并且积极引导学生调动知识储备。

4. 归纳演绎教学法

归纳演绎教学法是指将归纳法和演绎法相结合，对于专业课程理论知识进行归纳和演绎，进而得出一般规律或特殊结论的研究方法。在教学中运用归纳法总结事物发展的一般规律，从而达到对其普遍和本质的认知；演绎法则采用递推逻辑，有利于了解事物的特殊性。在教学过程中，通过演绎教学法将欧盟碳减排从"分散立法"走向"分散立法＋专门立法"的碳中和立法体系，以及《欧洲绿色协议》中碳中和目标经验推广至其他国家和地区。

其他国家和地区先行示范的探索，对事物发展有了一定的规律性认知，由此，在深圳进行碳市场试验，提前探索碳配合管理体制改革，有利于促进碳金融、碳市场形成双向格局。通过归纳和演绎相结合的教学方法，不仅帮助学生理解其他国家碳中和立法对于我国城市试点改革具有的启示性意义，同时也借助深圳的实践，推动其他城市优化资源配置，探索立法与环保的良性互动。

5. 创新评估教学法

创新评估教学法是指克服传统课堂教学评价中单一的二元制结构教学模式，将演绎归纳法、融合式教育法、生生互动评价法等多种思政教学方法作为教学内容的有机整体，结合学生情感态度与动机，更加全面地进行互动教学评估，从而回归立德树人的本质要求。在本案例的学习中，"创新"之处在于结合归纳演绎法的研究模式，激励学生通过自主探索，发现其他国家和地区的碳立法体系对于我国经济发展、法律体系、市场建设和生态保护等方面的重要启示与借鉴意义。然而，这一创新模式需要进一步的评估与反馈，不断提高学生对于问题的认识与理解能力，再进行评价和诊断思考，有助于了解学生的学习状况、对知识的理解程度和运用能力。

6. 专题座谈式教学法

专题座谈式教学法是指在教师的指导下，经过主持人选择、专题内容培训以及邀请专家进行座谈的一种教学方法。该种教学方法能够充分调动学生探索式学习与实践的主动性和积极性，提升学生对课堂教学活动参与的程度，提高理解与梳理专业知识的能力，以及参与互动讨论和语言表达的技巧性。

通过现有的教师资源和特邀师资，为学生提供专业知识的讲授，特别是对涉及的宏观调控、监管、市场变化等专业经济学的知识进行讲解，帮助学生理解探索央行和监管机构推动绿色金融发展过程中所面临的困难与挑战。除此之外，可以通过随堂测验，检测学生对相关知识点的掌握和理解程度。

7. 融合式教学法

融合式教学法已经成为一种新的学习方式和教学方式。融合式教学法以先进的教学理念为指导，进行教学理念的改革，将具有前沿性和时代性的教学方式与适合学生自主学习的模式相结合。教学的关键目标是培养学生独立思考问题和辩证分析的能力，引领价值创造。在新媒体资源融合式发展以及多种媒体渠道不断涌现的背景下，微信、微博以及各类门户网站、客户端不断涌现，它们将最新的新闻资讯推送到学生手中。融合式教学方法，对于新的教学平台提出了新的要求，通过直播、弹幕等方式，学生可以发表关于银行积极探索可行的货币政策方案、国际金融合作在应对气候变化问题的想法见解，实时互动与探讨成为学生喜闻乐见的教学方式。

传统的教学方式还包括学生制作并发放调查问卷来获取一手数据信息，通过课外实践调研，明晰大学生群体对金融领域的了解程度，特别是对经济政策与全球气候变化的国际合作的了解。学生可以通过自主探索相关知识政策，发挥融合式教学方法优势，利用新媒体资源和手段进行课程思政。

四、案例思考与评析

本案例由气候变化议题入手，强调了其成因以及人类历史上为解决这一问题而进行的各种活动。气候变化最初被认为是由自然现象引发的发展议题，现在已经逐渐变为人为因素引起的重大议题。案例所讨论的《联合国气候变化框架公约》《京都议定书》《巴黎协定》等，更说明在人类文明的发展进程中，发达国家与发展中国家无一例外都应当主动承担节能减排的责任。中国作为最大的发展中国家，正在积极履行具有引领性的国际标准义务，并且持续不断地更新已有的体制机制。例如，从最开始提出的各种节能减排的目标，最终上升成为"双碳"目标，均体现了我们应对气候变化的决心。本案例比较关注在发达国家与发展中国家之中，大国对气候变化治理以及相应体制机制构建的重要作用。除此之外，我们还应当鼓励学生就案例展开反思与补充，并关注一些小国的命运前途。例如，太平洋海域的诸多岛国、东南亚的新加坡等，这些小国在气候变化、节能减排方面，往往也能够发挥重要作用。

以上案例介绍了联合国以及欧盟在碳中和立法过程中发布的一系列法律法规文件，为我国中央和地方政府实施和制定碳中和政策提供了良好的基础，我国碳中和法律的出台依然面临着不同的风险挑战。深圳先行先试，助力我国碳中和立法的实施与推广，遵循着由中央到地方的互动逻辑，充分发挥地方的主观能动性，自下而上地推动国家立法。全国碳市场碳额分配从"免费分配"转向"免费分配+有偿拍卖"。通过案例，思考在中国特色社会主义市场经济的背景之下，市场经济主体如何践行美丽中国和创新型国家重要举措，地方政府和主管部门如何加强完善法律法治体系建设，促进生态文明与"双碳"目标早日实现，同时向学生普及我国碳立法的战略意义和环境保护的经济意义。

本案例还介绍了全球气候变化背景之下，气候变化对保险行业的影响。近年来，极端天气和自然灾害交织，气候变化和突发性的自然灾害给经济发展、金融稳定造成了严重的损害。在《巴黎协定》签署之后，二十国集团成员发挥领导作用，积极响应，做出碳中和的承诺。为应对气候变化带来的诸多方面的影响，世界各国和地区努力推动探索央行和监管机构推动绿色金融发展的政策共识，我国也积极地加入。在频发的自然灾害之中，保险公司面临的索赔频率和索赔金额远超过预期，保险公司的经营压力不断增加，金融风险不断提升。在国际范围内，如果要给予气候变化问题更多的尝试，就必须联手世界各国各地区实现信息互通、经验共享，在关键措施推进的过程中，充分发挥财政监管、宏观调控预警与反馈多维度的协调作用。通过对案例的反思和学习，学生能够加强对经济领域专业知识的学习和理解，同时探索在绿色金融创新模式下应对国际气候变化的合作方式。

五、案例提问与解析

1. 为什么说气候变化的治理问题是政治的议题，也是经济的议题？

2. 发展中国家如何解决发展需求与低碳排放之间的矛盾？

3. 发达国家在经济发展过程中应当怎样持续不断地为气候变化做出贡献？

4. 如何从不同角度分析我国碳中和立法？

5. 欧盟碳中和立法对我国的影响？

6. 中国对碳中和、低碳转型的观点是怎样的？

7. 各国或地区如何尽早实现低碳转型的目标？

8. 各国或地区如何更好地利用货币政策等杠杆工具促进气候变化的科学治理？

9. 在全球气候变化的影响下，保险公司将传统的运营模式演变为减轻潜在风险的模式是否可行？

1. 参考答案：气候变化是全人类面临的共同挑战，夹杂着多重因素。在治理气候变化的议题中，各主权民族国家占据十分重要的位置。因此，它是政治性的议题，但与此同时，在气候变化经济学课程中它更是一个经济领域的议题。气候变化背后隐含的一个非常重要的关键词即发展。《柳叶刀》曾在"高温与健康"专辑当中提到一个观点，即夏季的极端高温天气正在加速对人类健康的负面影响。与此同时，近年来的气候变化，都在向我们展示气候变化带来的问题。案例中提到，由全世界 178 个缔约方共同签署的《巴黎协定》，约定将全球平均气温的上升幅度控制在工业化前的 2 摄氏度以内，并在此基础上努力将升幅控制在 1.5 摄氏度以内。这两个数字不容小觑，说明在工业化、现代化以及人类社会文明不断向前推进的过程中，自然环境正在对我们施加十分重要的影响。为什么发达国家要承担多一些义务？在工业化发展的浪潮中，发达国家无疑最先受益。从经济发展的维度来说，不能剥夺发展中国家现在发展的权利，发达国家和发展中国家应该遵循"共同但有区别的责任"原则。根据世界气象组织发布的报告，在过去的半个世纪中，全球发生了超过 1.1 万起气候变化引起的自然灾害，波及 200 万人的生计发展，经济损失高达 3.5 万亿美元。气候变化不是口号，不是单纯的自然现象，而是切切实实对于经济发展、民生福祉产生重大影响的全球性事件，需要各国和地区在政治上互信，在经济上协作。只有发达国家与发展中国家携手并进，才能够在确保经济发展的基础之上，不断提升节能减排、气候变化治理的能力。

2. 参考答案：发展中国家首先需要认识到发展需求不一定等同于高碳排放，即通过低碳排放、科学发展，仍旧能够奋起直追，加速发展经济。在工业化、现代化的进程当中，发达国家作为第一个吃螃蟹的人，起步早，积累了一定的发展成果，然而其发展模式并不是完美范本。发展中国家一定要高度重视能源安全、金融安全、生态安全，以有机统筹的思维方法和实践逻辑来解决自身现代化发展与低碳排放的问题。气候变化给部分发展中国家带来的损失引发了连锁反应，会波及在经济上彼此关联的国家和地区，甚至引发系统性、全球性的金融动荡。我国作为最大的发展中国家，新时代的发展经历已经向世人证明，经济发展需求与低碳排放是可以共存的。

3. 参考答案：一方面，发达国家在经济发展的过程中，处于先行者的地位。例如，早在 20 世纪四五十年代，美国洛杉矶与英国伦敦都曾经出现过严重的大气污染事件，现在被我们称为雾霾或烟雾事件，这些案例对于发展中国家而言已经不再是新鲜事。当时能源燃烧消耗所排出的有毒气体，在自然气候的影响下形成了一定的恶劣天气。据统计，1952 年 12 月份发生的伦敦雾霾事件，至少导致 4000 人死亡。1943 年 7 月美国洛杉矶也发生了雾霾事件。在工业化的过程中，虽然有了发展的成果，但是由于处理垃圾时滥用焚烧炉，最终使学校停课、工厂停工，社会几乎停摆。1970 年美国出台了《清洁空气法案》，当时媒体对于整个过程的报道，反向逼促相关政府和立法者有所作为。因此，我们能够看到发达国家在工业化发展进程中经受过更多的考验，可以为发展中国家提供借鉴。另一方面，在气候治理过程中，发达国家应该以气候变化领跑者的姿态做出应有的贡献。很多发展中国家在全球化的过程中面临不平等的发展格局，饱受气候变化、环境治理问题的困扰。发达国家应当在人力、物力、财力各个维度率先垂范，做出更多应有的贡献。

4. 参考答案："碳"指碳排放量，"中和"指排放和吸收达到平衡状态。人类在生产生活过程中，会排放大量的甲烷、二氧化碳等温室气体，温室气体浓度升高会导致全球变暖，直接影响我们赖以生存的生态环境。理想状态下的碳中和，是指人类活动造成的所有碳排放，都被植树造林、碳捕集和封存等人为技术吸收，人类的生产生活不会向大气中排放任何温室气体，实现净零碳排放。

对于我国而言，根据倒"U"形环境库兹涅茨曲线图，促进碳中和的目标能有效倒逼我国的产业转型，使我国更快地向建设社会主义现代化强国的宏伟目标迈进。从世界的角度来看，减少碳排放能有效减弱全球气候变暖对环境带来的影响，这关乎着人类未来的命运。

从我国的能源消费数据上看，煤炭资源消费占比有所下降，但仍占绝大部分。换言之，我国以煤炭为主的能源结构并未发生根本性的转变。此外，我国的部分能源产业的发展同时受到欧美国家的制约。碳中和立法：一是为了促进我国一些企业的转型，通过发展来保护环境；二是为了打破欧美国家的限制，更快地达到碳达峰，提升国际地位，争取跻身发达国家的行列之中。

5. 参考答案：一是在中央集中管控的基础上，基于地方碳减排管理自主权。二是灵活设置碳税以及税率，并考虑企业的国际竞争力。三是寻找替代能源，大力发展氢能。我国实现碳中和的根本途径总结为"两替代、双主导、双脱钩"。其中，"两替代"为清洁能源替代及电能代替；"双主导"为能源生产清洁能源主导和能源消费电能主导；"双脱钩"可以理解为电力发展与碳脱钩，经济发展与碳脱钩。

碳税对我国不同地区的减排作用及对经济的影响程度不同，这就意味着我们在征收碳税时要考虑税率的阶梯设置。中西部地区如山西主要以采掘业为主，煤炭资源丰富，对这些地区实施碳税的减排效果明显，但由于征收碳税增加了企业的成本，会对这些地区的 GDP 增长起到明显的抑制作用。东部地区经济发达，如广东主要以制造业为主，其对二氧化碳排放的贡献不大，碳税的实施对东部地区的减排作用有限。

6. 参考答案：清洁替代是推动能源生产领域碳减排的根本举措，我们必须彻底转变"一煤独大"的能源结构，以清洁能源发电替代煤电发电，同时提升平衡调节能力。煤电转型的关键在于坚持市场引导与政府调控并重，控制定位、优化布局。电能替代是推动能源消费领域碳减排的根本举措。实现碳中和目标，关键是加速推动工业、建筑、交通等主要领域电能的替代，提升终端电气化水平，实现能源消费由煤、油、气等向电为中心转变，大幅度降低终端各领域化石能源排放。电制燃料与原材料是实现间接电能替代和电的"非能利用"重要举措。

7. 参考答案：过去十几年，全球的碳排放已经发生了重大变化。在这种情况下，我们必须加强宣传，传播正确的、科学的理念和观点，形成低碳转型发展的共识，推动碳中和目标的实现。政策和机制是推动落实碳中和行动的重要抓手，政策方面还要考虑碳价和碳税的问题等，要从经济学的角度加以研究，充分反映碳成本，并且尽可能控制碳减排的总体成本，加快从控能向控碳转变。因此，当前亟待研究如何在控碳的同时保证经济持续增长。控能的最终目的是控碳，因此应将目标直接调整为控碳。在控碳的导向下，全球自然会加快用新能源来替代传统化石能源，既保证了可持续发展又能够实现低碳转型。煤电是碳排放的重要源头，必须重视煤电的使用问题，可以将现有煤电厂的产能尽可能利用起来，这样才能有效落实碳达峰以后的碳中和，避免高碳锁定和大量的资产搁置。加快存量煤电机组的灵活性改造，使其逐渐向调峰和应急电源转型。此外，长期来看，实现碳中和的关键是技术进步，应尽快将碳捕集利用与封存技术纳入各个国家或地区战略，加强研发支持。

8. 参考答案：各个国家应采取一定措施，将气候因素纳入货币政策框架积极应对影响日益广泛的气候风险。继续落实好适度宽松的货币政策，保持货币信贷合理充裕，增强政治的针对性和灵活性，综合运用多种货币政策工具，合理安排货币政策工具组合、期限结构和操作力度，加强流动性管理，保持银行体系流动性合理充裕，加强对金融机构的窗口指导。在经济全球化和区域经济一体化发展迅速的时代背景下，开放程度日益深化，金融危机一旦在某一地区出现就会迅速传导、波及所有国家和地区。因此，单一的国家已根本无法独自面对大规模的经济冲击和金融风险，各经济体之间的贸易、投资和经济合作联系日益紧密。

9. 参考答案：气候变化对于保险行业而言并不是坏事，尤其是对于操作风险所包含的财产险来说。保险市场可以利用不断变化的政策和对于复杂气候系统的理解重新定价保险产品，以规避长期的气候风险。同时，伴随着频率和强度的增加，模型的风险价值及波动性，会进一步增加客户对于新产品的需求。然而，值得注意的是，保险市场很可能在庆祝新机会的同时低估了风险的严重程度。气候变化引起的系统性风险会导致一系列互相交错的自然灾害，从而给当地的经济和社会造成巨大的压力，引起市场的连锁反应，击穿保险公司的储备金。越发频繁的极端灾害和不断完善的政策，会逐步改变保险公司的商业模式，从而产生客户和保险市场都无法承受的后果。因此，无论是客户还是政策制定者，都会要求保险市场改变以前的运营模式，从传统的转移风险，进一步演变为减轻潜在风险。

六、拓展学习资料

【1】［美］保罗·萨缪尔森，［美］威廉·诺德豪斯. 经济学（第 19 版）［M］. 萧琛，译. 北京：商务印书馆，2013.

【2】［美］威廉·诺德豪斯. 绿色经济学［M］. 李志青，李传轩，李瑾，译. 北京：中信出版集团，2022.

【3】［美］威廉·诺德豪斯. 气候赌场：全球变暖的风险、不确定性与经济学［M］. 梁小民，译. 上海：东方出版中心，2019.

【4】安永碳中和课题组. 一本书读懂碳中和［M］. 北京：机械工业出版社，2021.

【5】汪军. 碳中和时代：未来 40 年财富大转移［M］. 北京：电子工业出版社，2021.

【6】陈迎，巢清尘. 碳达峰、碳中和 100 问［M］. 北京：人民日报出版社，2021.

【7】康晓. 逆全球化下的全球治理：中国与全球气候治理转型［M］. 北京：社会科学文献出版社，2020.

【8】杨建初，刘亚迪，刘玉莉．碳达峰、碳中和知识解读［M］．北京：中信出版集团，2021.

【9】杨涛，杜晓宇．绿色金融：助力碳达峰、碳中和［M］．北京：人民日报出版社，2021.

【10】中金公司研究部．碳中和经济学［M］．北京：中信出版集团，2021.

【11】杨雷．能源的未来：数字化与金融重塑［M］．北京：石油工业出版社，2020.

第八章

气候变化中的行为学研究

【学习目标】

从个体到集体，应认识到气候变化行动中群体行为的重要性，以及相应的发展可能。气候变化现象对人类社会的影响是广泛而全面的，不仅个体生活受到影响，群体生活也会受到影响，故而群体的行为变化就成为气候变化治理当中非常重要的一个变量。本案例企图通过学生社团活动，描述中国青年应对气候变化的一些本土性方略，解释群体行为变化。不同的群体、不同的阶层、不同的利益集团对气候变化的治理起到了各种各样的作用。从集体行动的研究视角与维度深刻理解气候变化治理，形成自身的学习目标。

案例十八　个体行为与气候变化治理的
紧密联系

一、学习要点与概述

◎个体行为与气候变化

行为主义在人类的政治、科学、人文学科的发展过程中扮演十分重要的角色。人类的文明史从最开始的描述性解读，最后达成对人的行为科学的一种认定。在这一过程中，集体主义的作用更加凸显。集体主义在客观意义上对气候变化治理模式产生了重要影响。

20世纪的五六十年代，行为主义异军突起，一跃成为人类政治科学、社会科学研究的重要方法论与工具。气候气象的科学问题转化成为一个涉及政治、经济、文化、伦理、道德的文理综合问题。对于这一问题的认识，人的行为和作用日趋突出，人的行为模式对气候变化产生十分重要的微观—宏观、集体—个体的影响。改造人的思想和行动，成为气候变化治理十分重要的一个路径条件与举措。

相应的政策分析工具——行为主义的模型，关注成本和效益。不论是需求侧还是供给侧，不论是作为生产者还是消费者，我们都要打造低碳消费的理念，才能够在需求端反向倒逼供给端的行为。

人类不仅要提升科学理解气候变化的能力，还应科学主动地通过企业行为、政府政策、相关利益集团政策和策略调整，最终达到低成本消耗、低能源消耗和高环保效能产出的目的。不论是干预碳减排，还是干预相关产品的投放、销售、价格以及消费，乃至我们的社会制度与文化，人们都在倾情奉献，希望能够反向促进政治行为的变革升级。

◎行为学研究在气候变化中的应用

行为学研究在气候变化中扮演着日趋重要的主流角色，相关研究甚至细化到人格与可再生能源推广的维度。对于农村地区的相关产业以及助力气候变化技术更新换代升级的行为，通过问卷调查、访谈等方法，展现个体行为学理论对气候变化治理的重要作用，这些以社会团体为单元的组织能够进行深刻的时代变革。

二、思政案例

中国青年气候行动本土发展——从个体到集体

以大学生为代表的中国青年环保运动最早开始于 1991 年，第一个大学生环保社团——北京大学环境与发展协会正式成立。在此之后，青年环保社团蓬勃发展，截至目前几乎每所大学都有一支环保社团。另一个青年环保运动的历史标志性事件是 1996 年绿色营的创办。绿色营由国家环境使者、著名环保作家、改革开放 30 年环保贡献人物唐锡阳先生及其夫人马霞创立。绿色营在培养最早一批青年环保领袖的同时，也推动了一批青年环保组织的出现。青年环保运动从校园内萌芽，延伸到校园外，甚至走向国际，使一系列具有影响力的活动在国内如火如荼地开展。聚焦气候变化的青年行动相较于国内的青年环保运动出现较晚，并且青年气候行动在中国本土的扩展与国际气候形势紧密相连。

2009 年哥本哈根气候大会之后，国内媒体开始对气候变化议题进行大量报道，开设气候变化专题，引导国内公众广泛且深入地了解全球气候变化议题。"低碳"一词在各种媒体的宣传下逐渐在公众生活中流行。中国本土的青年气候行动也不例外，与国际青年气候行动呈现同步的发展趋势。2009 年是中国青年气候行动发展的里程碑年份。当年由民间组织（中国）青年应对气候变化行动网络带领的 38 名中国青年组成了中国历史上第一支青年代表团参与哥本哈根气候大会，这是中国青年在国际"气候舞台"上的一次集体亮相，也是中国青年关注并参与应对气候变化行动的里程碑。《每日经济新闻》曾这样评价 2009 年哥本哈根气候大会现场的青年群体："世界各地的媒体开始采访在现场的中国青年代表团，向团员们了解情况。可能是头一次听到来自中国青年的声音，以及中国青年对气候变化的关注，一位纽约来的记者显得很是惊奇，同时也很赞赏，或许，中国青年代表团参会的意义也正是在于此。"

中国青年参与国际气候谈判最早可追溯到 2005 年。青年代表何钢与来自 50 多个国家的 80 多名青年代表共同参与在加拿大蒙特利尔举办的 COP 11，并发表《我们的气候，我们的挑战，我们的未来——2005 年蒙特利尔国际青年宣言》；此后，时任绿色和平新能源一代项目志愿者部门协调人、北京大学的苏杭，于 2006 年作为中国唯一的青年代表出席 COP 12；2007 年，2 名中国青年参与在巴厘岛举办的 COP 13；2008 年，中国青年李立参与在波兰举办的 COP 14。相比其他国家的青年代表团，中国青年显得形单影只，但这些为 2009 年中国青年代表团的成行埋下了种子。由个人行为到集体行动，这一过程用了整整 5 年时间，而这背后是中国青年先锋在应对气候变化的行动中所付出的 5 年甚至更长时间的努力。

据不完全统计，2010—2020 年，中国有累计超过 200 位青年代表参与联合国气候大会，均由中国民间青年组织带领参与。中国青年在国际舞台上的积极活跃对促进气候行动在中国本土的迅速蔓延起到了重要推动作用。联合国青年气候峰会举办的意义不止于当下，它代表着国际青年运动为青年群体争取了更大的行动空间和发声空间，也将成为青年气候行动的新起点。

与此同时，《联合国气候变化框架公约》第 6 条和《巴黎协定》第 12 条强调了教育在全球气候变化应对中的关键作用。2016 年，《联合国气候变化框架公约》与联合国教科文组织共同发布《气候变化赋权：教育、培训和提高公众意识的解决方案》，从国家战略发展视角提出基于结果的管理方案，并强调气候变化教育政策的透明度和问责制。2018 年，在波兰卡托维茨举办的 COP 24 批准了"气候赋权行动"的实施，呼吁所有成员制定并实施"气候变化教育"战略。青年在国际气候谈判中的观察者角色不容忽视，也是气候赋权行动计划实施的重要目标群体，在 UNFCCC 的工作计划中多次被提及。气候赋权行动为未来的青年气候行动提供了指导框架和行动指南，为青年参与气候进程提供了更大的行动空间。

三、教学设计

1. 生生互动教学法

生生互动教学法是指学生之间的相互作用和相互影响，一般而言包括相互讨论、相互激励、相互评价、相互反馈、合作与竞争等形式。该种教学方法主要体现在小组合作之中，有利于学生全员参与，各抒己见，最大限度发挥同伴相互学习、相互促进的朋辈效应。就大学课堂而言，学习环境是民主而平等的，个体之间的积极相互作用依赖这样的民主机制以及平等和谐的氛围。在生生互动的条件之下，双方（或者多方）自愿自觉地参与课堂的互动与讨论，包括行为互动、思维互动和情感互动。

在课堂之中可以模拟中国青年气候行动发展组织——环保社团的架构，探讨我国青年团体，特别是大学生群体在气候行动发展过程中对本土扩展行动发挥的基础性作用，以及在国际合作交流中发挥怎样的优势。同时也可以通过组织知识竞赛、辩论赛，使学生了解中国民间青年组织的发展历程、气候变化与生态文明建设的基础性专业知识。在知识学习和行为互动的过程中，不断提升个人的忧患意识和责任意识，为青年参与气候行动改变生态文明做出更大的努力。

2. 活动设计教学法

活动设计教学法是指通过课堂内外的活动设计，增强学生对课堂知识的掌握和了解，强化记忆并提升学生组织设计与开展相应小组活动策划、撰写活动方案、组织活动实施以及形成活动反思的能力。传统的教学活动设计存在着教学活动和学习目标针对性不强、指向性较为普遍，缺乏强烈的目标责任意识的问题。因此，在新形势下，教学活动设计更加突出自主探究、合作求知、创新实践的主题，通过中国青年气候行动的本土发展及以我国大学生为代表的环保运动从本土到国际、从个体行动发展到集体活动的路径，面向学生展开教学活动设计。以撰写新闻资讯稿，实行"快闪"活动为契机设计相关主题宣传形式，学习青年群体参与气候行动的精神。打破原有禁锢在课堂、教室之内的单一教学方法，吸纳和发扬"思想引进来"与"行动走出去"的课堂内外互动模式，力图提高学生组织策划与实施的能力，同时将环保的意识转为环保的行动。

四、案例思考与评析

本案例以中国青年气候行动为出发点，介绍了中国大学生青年环保运动发展的经过，从校园内的萌芽，延伸到校园之外，甚至走向国际，在世界范围内不断增强青年群体活动的影响力。从青年个体到青年群体，中国青年在国际气候舞台不断受到关注。从个人环保行为到集体行动用了 5 年的时间，而中国青年先锋在应对气候变化的行动中所付出的时间和努力运远超过 5 年。中国青年在国际青年环保运动中，争取了更大的行动空间。近年来，在国际上举办"气候赋权行动""气候变化教育行动"，彰显了中国青年的力量，在国际气候谈判中发挥的作用不容小觑。由此发现，青年的参与为气候治理进程提供了更多的可能性。在此案例中，青年学生站在观察者的角度，为气候治理讲述个体力所能及的行动力，展现了青年学子的蓬勃力量，为世界气候行动提供更多的群众基础，弘扬榜样力量。

五、案例提问与解析

1. 中国青年气候行动本土发展过程。

2. 联合国青年气候峰会的意义。

1. 参考答案：1991 年北京大学环境与发展协会正式成立，是第一个大学生环保社团。1996 年由国家环境使者、著名环保作家、改革开放 30 年环保贡献人物唐锡阳先生及其夫人马霞创立绿色营，是青年环保运动中的历史标志性事件。随后，青年环保运动逐渐延伸到校园外，走向国际，2009 年由民间组织（中国）青年应对气候变化行动网络带领的 38 名中国青年组成了中国历史上第一支青年代表团参与哥本哈根气候大会。2019 年 9 月 21 日，首届联合国青年气候峰会在联合国气候峰会之前举办，不仅为青年领袖提供了重要的展示平台，更重要的是搭建了和决策者对话交流的平台。2020 年世界地球日当天联合国秘书长古特雷斯发表视频演讲，呼吁将气候变化放在疫情后复苏的中心位置，重视气候变化这类更深层次的危机，世界各国应携手实现更高质量的复苏。

2. 参考答案：在气候峰会上，政府和企业领导人支持通过多种手段实施碳定价机制，会议上公共和私营部门明确了气候融资途径，推动气候问题的解决，同时随着全球"为未来而战"运动的蔓延，青年气候行动受到广泛关注。2019 年 9 月 21 日，首届联合国青年气候峰会在联合国气候峰会之前举办，邀请 18~29 岁的青年积极参会，使来自全球的年轻活动家、创新者、企业家和变革者齐聚纽约。这次峰会不仅为青年领袖提供了重要的展示平台，更重要的是搭建了和决策者对话交流的平台。

联合国青年气候峰会举办的意义不止于当下，气候赋权行动为未来的青年气候行动提供了指导框架和行动指南，它代表着国际青年运动为青年群体争取了更大的行动空间和发声空间，也将成为青年气候行动的新起点。

六、拓展学习资料

【1】［哥斯达黎加］克里斯蒂安娜·菲格雷斯，［英］汤姆·里维特-卡纳克．我们选择的未来［M］．王彬彬，译．北京：中信出版集团，2021．

【2】［美］比尔·盖茨．气候经济与人类未来［M］．北京：中信出版集团，2021．

第九章

不确定性条件下的气候变化决策

【学习目标】

本案例通过绿色创新科技发展对气候变化这一具有高度不确定性的课题进行分析，探讨如何推动国家可持续发展战略的全面更新换代升级。首先，通过我国低碳技术创新对标国际上承认的气候变化治理的机构，力求能够达成对气候变化议题的不确定性的准确解读。通过对气候变化中温室气体排放的不确定性研究，最终达成对市场行为的改观，改变政策性行动，从政治与经济维度不断提升应对不确定性的成熟度。

明确如何对城市温室气体进行不确定性分析，以及对于学生思考、探索科学准确评估城市碳排放路径方法的重要意义。本案例要求我们对于气候变化议题、温室气体排放、个人及企业的认知与行为有较好的把握，通过城市案例的不确定性分析，思考降低温室气体变化不确定性的路径、方法以及践行目标。

案例十九 气候变化议题的不确定性及其重要性

一、学习要点与概述

◎温室气体议题的不确定性

气候变化的议题具有高度的不确定性，正如在股市当中没有办法去预测市场行为一样，气候变化具有更大的不确定性，它是一个复杂且非线性的系统。温室气体的排放与气候变化并不是简单的二元线性关系，这当中既有自然原因，又有人为原因。

自然环境系统与人类社会经济系统之间有着极为复杂的二元互动关系。在《联合国气候变化框架公约》中，温室气体并不是完全来自人类活动，但温室气体的排放确实与人类活动有着非常大的关系。与此同时，植物、动物的一些活动，与气候变化，特别是温室气体的排放与产出也有着千丝万缕的关系。

◎市场行为与政策行动的不确定性

技术推广、市场行为、政策行动、个人和企业认知都存在很大的不确定性。技术具有成熟可靠性并有着较高的公众认可度，对人类健康、环境的绿色发展有着更有益的作用。市场行为能够刺激相应的环境，保护经济活动，从而淘汰掉一些低产能的产业。在现实世界中，应对气候变化的决策主体主要是国际组织、国家政府及行业企业，甚至是家庭、社区等。对气候变化的决策内容，既要依靠专门组织，又要依靠相应的从业者。从个人到集体，从技术变革到人文理念，我们通过持续不断地演进，最终达成行为和观念上的改观，平衡与考量最大与最小收益，克服治理政策的不确定性。

◎个人及企业认知的不确定性

温室气体排放是困扰城市地区发展、造成城市热岛效应的重要原因。但在其不确定性的条件下，个人及企业，个体及团体又增加了许多人文决策、人文分析、人文观测领域的不确定性。如何降低这些不确定性？首先，从改造人的集体、个体行为开始。通过相应规章制度以及条例法律，约束我们的认知和行动。与此同时，不断增加我们对自然规律的了解，形成联动效应。

多维度探究分析气候变化能够增加评估的准确性与可靠性，通过对不确定性的确定性掌控，达成科学评估、合理排放、整体提升、全面监督的格局，可以更好地塑造人类的行为，改进我们的认知与态度，最终为"双碳"目标贡献一份绵薄之力。

二、思政案例

低碳技术创新在温室气体治理中面临的挑战

根据国家气候中心的监测评估，2022 年夏季我国区域性高温事件综合强度已经达到了 1961 年有完整气象观测记录以来第 3 强，仅次于 2013 年和 2017 年。南京信息工程大学教授智协飞认为，虽然这只是短期的自然现象，但"高温"已经是全世界范围在未来很长一段时间内，人类都要面临的共同话题。为帮助地球快速"降温"，《〈关于消耗臭氧层物质的蒙特利尔议定书〉基加利修正案》（以下简称《基加利修正案》）于 2021 年在中国正式生效，与我国 2030 年前实现碳达峰、2060 年前实现碳中和的"双碳"目标合力，加快了温室气体排放管控的脚步。

根据联合国世界气象组织 2022 年 5 月的通报，未来 5 年全球年均温度有 50% 的概率，至少有一年暂时比工业化前水平高出 1.5℃，这一可能性也正随着时间推移而增加。世界气象组织秘书长塔拉斯教授也认为，高温热浪将是新常态，全球气候变暖导致极端天气气候事件变得更加频繁，包括持续性高温热浪，严重干旱、洪涝，更强的台风等。

应对气候变化，值得特别关注的就是含氟气体问题。含氟气体被用于几类产品，如制冷设备、空调和热泵设备。其他还有用于化妆品和制药行业的全氟化合物（PFC）以及作为绝缘气体的六氟化硫（SF_6）等。虽然含氟气体的大气排放量比其他温室气体少，但是极具温室潜力。其中，具有强大温室效应的氢氟碳化物（HFCs）目前广泛应用于制冷、空调、消防、建筑等行业，其全球变暖潜值可达二氧化碳的成千倍甚至上万倍。我国作为 HFCs 的生产以及消费大国，到 2050 年削减 HFCs 可带来将近 300 亿吨二氧化碳的气候效益，这可以为全球降温 0.5 摄氏度贡献出 1/3 的力量。因此，中国在实现碳达峰的过程中，如何遏制包括"超级温室气体"HFCs 在内的非二氧化碳温室气体排放，显得尤为关键。

《基加利修正案》制定了在未来 30 年内将全球的 HFCs 削减至少 80% 的

目标。为响应《基加利修正案》在中国生效及目标推进，中国在批约后也相继出台一系列措施，如《关于控制副产三氟甲烷排放的通知》《中国受控消耗臭氧层物质清单》《中国进出口受控消耗臭氧层物质名录》用于管控 HFCs。中国科学院理化技术研究所研究员认为，《基加利修正案》在中国正式生效是一个里程碑式的节点，标志着中国对 HFCs 正式开始管控。但实际上，我国早在10 年前就已经着手治理 HFCs。一是绿色发展理念使然；二是很多产品的出口，特别是出口欧洲，需要满足其更高的环保标准；三是由于中国是全球最大的制造国，联合国相关组织为鼓励我们节能减排，会提供一些环保资助。经过多年的努力，我国取得的环保成果十分显著。

在保证最终产品性能不降低的前提下减少碳足迹并提高能效，成为企业迫切需要面对的问题。为响应这一需求，氢氟烯烃（HFO）技术成为扭转局势的新力量。HFO 技术因不破坏臭氧、可大幅缓解全球变暖趋势等优势已经引起了中国产业界的关注。以 R134a 制冷剂为例，这款制冷剂的全球变暖潜能值（GWP）高达 1300，而新型 HFO 制冷剂的 GWP 值可降低到 1。

推进节能减排，实现碳达峰、碳中和是一项系统性工程，需要全社会的共同努力。"双碳"是一个长期及综合的目标。在完成"双碳"目标的过程中，如何保障产业链安全、能源安全、粮食安全和经济安全，需要全国一盘棋，正确处理好几个关系：政府管控与市场机制的关系，碳达峰与碳中和的关系，发展非化石能源与节能减排的关系，中国碳达峰、碳中和与国际气候变化合作的关系。

城市温室气体清单的不确定性分析

随着人口的不断增加和城市规模的不断增长，城市成为世界范围内能源消耗和温室气体排放的重点区域。根据联合国经济和社会事务部 2014 年的最新数据，当今世界超过 50% 的人口居住在城镇地区，到 2050 年城镇人口将再增加 25 亿。城市为人类居住提供各种服务的同时也排放了对环境影响巨大的温室气体。城市消耗了 67%～76% 的能源，排放了 71%～76% 的温室气体。

在应对气候变化和发展低碳经济的问题上，低碳城市成为世界各国降低资源能源消耗、转变传统发展模式、谋求城市新兴竞争力的着力点。科学准确评估城市排放是识别排放源、科学有效开展城市低碳工作的基础和前提，也是制定有效的城市可持续发展方案的重要基础和依据。在国家低碳发展的政策背景下，中国越来越多的城市已经开展了清单编制工作。三批国家低碳试点的全部81个城市已经完成或正在编制城市温室气体清单，其他一些非试点地区也在积极探索清单编制工作。虽然城市温室气体清单编制在实践层面上已经广泛展开，但是城市温室气体清单仍然存在较大的不确定性，清单结果还不能对低碳发展的具体行动和措施提供有效支撑和保障。

不确定性分析是一个完整温室气体清单的基本组成之一。虽然《京都议定书》和IPCC系列指南提供了清单核算以及不确定性分析的基本方法和参数，明确了温室气体核算评估中不确定性分析的重要性并尽可能地降低不确定性，但是只有少数国家提交了全面的不确定性分析报告。国际应用系统分析研究所(IIASA)联合其他研究机构先后于2004年9月在波兰华沙、2007年9月在奥地利拉克森堡、2010年在乌克兰、2015年在波兰克拉科夫举行了四次以温室气体核算不确定性为主题的研讨会，讨论了温室气体清单不确定性分析的重要性、主要难点以及关键问题。城市是复杂开放的系统，对于城市温室气体清单进行不确定性分析的研究和实践尚未充分展开。

2012年吉林市被确定为第二批国家低碳试点城市之一，编制温室气体清单是开展低碳试点的重要基础性工作。活动水平数据和排放因子数据来源有《中国城市温室气体核算工具指南》《中国温室气体清单研究》《中国能源统计年鉴》《吉林统计年鉴2011》《吉林市社会经济统计年鉴2011》《吉林省2010年省级温室气体清单报告》等相关统计资料、政府规划文件和各行业统计年鉴、行业专家咨询及相关调研数据，等等。各部门中排放因子相关参数都优先选取东北地区特定参数。不确定性参数及概率分布来源：活动水平数据中来自年鉴的统计数据不确定性取5%，来自部门调研不确定性取10%，来自专家估算的数据不确定性取15%。活动水平数据和排放因子的不确定性参数值确定主要参考《IPCC国家温室气体清单优良作法指南和不确定性管理》、《低碳发展及省级温室气体清单培训教材》、行业专家咨询及相关文献调研数据等。通常情况下，不确定性范围在(−60%，60%)被认为是服从正态分布，如能源活动部门中的化石燃料燃烧部分。在高水平不确定性的情况下，分布可以是对数正态分布、伽马分布或者三角分布等。对数正态分布是指对数为正态分布的任意随机变量的概率分布，如能源活动部门中生物质燃烧部分。伽马分布是指多个独立且相同分布指数的分布变量和的分布。三角分布适用于随机变量可能的结果及取值区间已知但概率分布未知的情况，如农业活动中的农用地排放部分。

农田生态系统作为全球碳库中最活跃的部分，受耕作、灌溉、施肥等人类活动的影响最大，对大气碳含量影响也较为明显。气候变暖和极端气候事件频发可能会导致土壤有机碳（SOC）损失加剧，而提高作物产量、增加秸秆还田及少免耕等农业生产措施会显著增加农田 SOC。在农田生态系统中，作为土壤肥力关键指标的 SOC 含量，对粮食生产和缓解气候变化起着重要作用。

三、教学设计

1. 多维思辨教学法

多维思辨教学法是指在教学过程中，教师从多角度、多系统地鼓励和开发学生的思维模式以及思考问题的方式，着重培养和提高学生分析、概括、判断和迁移知识能力的一种方法，通过思维的横向、纵向突破定向和单向的方式，角度更加灵活多变。采用多维思辨教学方法，可以帮助学生形成积极主动探索的意识。然而，创造性思维的方法在运用过程中，必须配合其他的教学方法联合使用。通过多维思辨方法，教师引导学生提出疑问，并由此激发学生自主学习。对于近年来世界范围内高温事件与温室气体排放控制问题等不确定性概念的辨析，更要通过教师和学生的互动，不断地抛出问题、解决问题，进而深化概念的内涵和外延，在争辩过程中加深理解，减少边界模糊感。

为了推测问题或者说预设的问题，应引导学生抓住问题的实质和关键，推测问题的答案。《基加利修正案》制定了未来 30 年内全球 HFCs 削减至少80%的目标，但事实上，我国早在十年前就已着手治理氟化物，不断践行和推动绿色发展理念。通过案例发现，技术性的创新为推进节能减排做出了不懈的努力，对于这一问题的理解，除了概念的界定与辨析，相关变量的模型构建以及污染物的测量方法，对我国环境治理的思考也具有重要的作用。

2. 多元融合教学法

多元融合教学法通常是指利用知识迁移、启发式教学、动画演示、微课和案例等教学形式，构建开放型实践课程的支撑平台，对课堂内的理论教学内容进行补充，使学生能够在课堂之外进行延伸学习的自主学习模式。在此教学方法中"多元融合"是指突破单一的事实资料介绍和讲述模式，将理论知识与实践探索相结合，将综合定性分析的归纳逻辑和定量分析模型的预测性优势相融合。例如，通过对《基加利修正案》《关于控制副产三氟甲烷排放的通知》《中国受控消耗臭氧层物质清单》《中国进出口受控消耗臭氧层物质名录》等政策规定进行比对，帮助学生了解世界和我国为了生产满足绿色发展的更高环保标准的产品做出的努力。此外，为了进一步明确创新型技术对于温室气体治理所做出的量化分析，可以通过相关的数据资料（一手资料和二手资料）构建定量分析模型，使用相关数据分析软件对各关键要素变量之间的关系进行检测验证，结合理论和定性分析，提出对策和建议。

3. 历时性观测法

历时性观测法即通过时间连续性的维度，自始至终地观察事物成长过程和发展变化脉络，并试图总结其规律性的一种科学研究方法。历时性观测法在科学研究中应用较为广泛。对于学生而言，此种方法能够更加直观、准确地记录事物的变化，因此在实验环节应用广泛。然而对于气候变化经济学这样一门相对年轻的学科而言，也可以多维度理解和认识气候治理问题。

城市温室气体清单的不确定性给人类生活和生态环境等方面带来负面影响，由此在应对气候变化和发展低碳经济问题时，需要科学而准确地评估城市排放温室气体以及吸收温室气体的连续性规律。温室气体清单的不确定性对于个体或群体认知与分析核算造成了困难和阻碍，因此，国际应用系统分析研究所在2004年、2007年、2010年以及2015年以温室气体核算不确定性为主题的研讨会上，运用跨度较大的历时性观测方法探讨了温室气体清单不确定性分析的重要影响。历时性观测方法不仅可以从时间维度上对某一特定的地点(地区或城市)温室气体清单的不确定性进行分析,同时也可以运用横向对比分析,由此形成横纵交叉的联络网。通过分析更加全面直观的截面数据,探讨在气候变化经济学中温室气体效应带来的不确定性规律。

4. 建言反馈式教学法

建言反馈式教学法主要分为两个部分:一方面,学生通过课前预习和课堂学习,思考课程所讲述的重要难点,并结合思政案例提供的学习资料,在头脑中进行加工和处理,向主讲教师提出自己的见解和想法,形成解决温室气体不确定性问题的方法;另一方面,教师在接受学生建言、意见之后,要给予反馈性的评论、评述,引导学生对生态文明建设形成正确认知。

建言反馈式教学法在教学过程中需要遵循系统论、信息论和控制论"三论"原则。此种方法强调学生主体发挥个体独立自主思考问题的能力,强调自主学习并善于提出疑问。建言反馈式教学方法,更适用于学生身边的案例和真实故事,通过精准的定位将理论与实践相结合,促使教师积极培育学生的创新思维。本案例所选取的城市温室气体不确定性研究对国家经济的发展、城市建设和生态环境保护等有着重要作用,通过《中国温室气体清单研究》以及地方统计年鉴等史实资料,向学生普及专业的知识,并通过建言和反馈的双向互动模式,进一步了解教学重点和难点,提高教学质量和水平。

四、案例思考与评析

本案例探究了低碳技术创新在温室气体治理中所面临的困难与挑战。根据国家气候中心的评估监测,2022 年夏季我国区域性高温事件综合强度已经达到了 1961 年有完整气象观测记录以来第 3 强。面对世界范围内极端天气事件频发,值得特别关注的是含氟气体问题,以及化妆品和制药行业的全氟化合物对气候的影响后果。我国作为氢氟碳化物生产以及消费的大国,在2060 年实现碳中和的过程中,遏制超级温室气体的排放十分关键。中国为积极响应《基加利修正案》所出台的一系列措施,不断提升环保标准,完善绿色发展的理念,彰显了大国在国际上的责任与担当。在保证最终产品性能不降低的前提下,减少碳足迹并提高能效,中国的企业为推进节能减排,实现碳达峰、碳中和，做出了不懈的努力。事实表明，"双碳"是一个长期及综合的目标，在完成"双碳"目标的过程中，正确处理好政府和市场的关系、国家行动和国际合作的关系是开展环境保护的重要前提。除此之外，还需要鼓励学生对案例展开更加深入的探索，通过收集相关资料来关注其他行业和领域对于温室气体排放和治理的措施，以及技术创新对节能减排活动的作用。

本案例指出，随着人口不断增加以及城市规模不断增长，世界范围内的能源消耗和温室气体排放，成为影响人类生存和生态环境的重要因素。在应对气候变化和发展低碳经济的关键问题上，低碳城市成为世界各国降低资源能耗，转变传统发展模式、谋求城市新兴竞争力的重要环节。从温室气体议题的不确定性到个体和企业认知的不确定性，市场在不断地提高城市排放评估的准确性与科学性。在低碳发展的背景之下，通过编制问题清单不断地积极探索，城市的温室气体清单在实践层面上已经开展了研究。尽管《京都议定书》提供了不确定性分析的基本方法和参数，但仅有少数国家提交了全面的不确定性分析报告。因此，对于城市温室气体清单进行不确定性分析的研究和实践并未充分展开。从国家试点城市到地方试点城市，我国在分级、分层、分阶段地积极探索低碳发展的具体行动及保障措施。我国作为农业大国，农田生态系统对粮食生产和粮食安全有着重要的作用。通过本案例引导学生思考当地粮食生产面临的困境，技术手段方面受到的限制，以及粮食生产和缓解气候变化的关系，能够不断增强学生的乡土情怀与责任意识。

五、案例提问与解析

1. 为什么说"高温"已经是全世界人民共同面临的问题？

2. 为实现"双碳"目标，中国应该做出怎样的努力？

3. "双碳"目标与经济发展的关系是什么？

4. 如何使城市温室气体清单在减排活动中发挥更有效的作用？

5. 为什么各部门中排放因子相关参数都优先选取东北地区的数据作为特定参数？

6. 不确定性参数的概率分布分为哪几种，分别适用于什么部分？

1. 参考答案：受厄尔尼诺现象等因素影响，夏日"热浪"在2023年夏席卷全球，多地民众不得不忍受极端高温"烤验"。世界气象组织表示，6月全球平均气温创下历史最高纪录，且创纪录的高温天气在7月仍持续出现。在美国遭受炙烤的同时，包括意大利、西班牙在内的欧洲多国陆续发布高温红色预警。法国气象局预测称，法国东南部部分地区今夏气温将达到40摄氏度。世界气象组织也表示，包括山区在内的欧洲部分地区的最低和最高气温都创下了历史新高。

农业是国民经济的基础，"高温"问题导致气象灾害事件频发，干旱、洪涝等灾害给社会、经济、环境造成了重大影响，农业产量大幅下降。2020年我国的气象年景明显偏差，南方地区暴雨洪水频繁发生，截至2020年8月，洪涝灾害造成广西、贵州、广东、湖南、江西、重庆等26个省区市6346万人次受灾，直接经济损失1789.6亿元，比前5年均值偏多了12.7%和15.5%；农作物受灾面积861000公顷，农作物总产量大幅下降，极大地影响了农产品的出口贸易。

2. 参考答案：碳达峰是指二氧化碳排放量达到历史最高值，之后进入逐步下降阶段。碳中和是指二氧化碳的净零排放。碳达峰是碳中和的基础和前提，只有实现碳达峰，才能实现碳中和。碳达峰的时间和峰值水平直接影响碳中和实现的时间和难度：碳达峰时间越早，实现碳中和的压力越小；峰值越高，实现碳中和所要求的技术进步和发展模式转变的速度就越快、难度就越大。碳达峰是手段，碳中和是最终目的。大学层面，为了实现"双碳"目标我们应该鼓励高等学校增设碳达峰、碳中和相关学科专业。大学生是国家未来的希望，让他们尽早接触关于"双碳"的专业知识，对于早日实现"双碳"目标有很大的帮助。社会层面，严控煤电、钢铁、电解铝、水泥、石化等高碳项目投资，有序推进绿色低碳金融产品和服务开发，设立碳减排货币政策工具，将绿色信贷纳入宏观审慎评估框架。个人层面，我们应该倡导低碳出行，使用清洁能源，光伏、风力等电力，有条件的可在屋顶装配光伏发电设备，也应该继续植树造林，使碳的吸收量增加。国家层面，应该在新能源低碳技术方面多投入精力，在碳捕捉方面加大研究投入力度，无论是在技术层面还是在研究成本层面，突破任意一项对于实现"双碳"目标都是一大步跨越。

3. 参考答案："双碳"目标对经济社会发展提出了新的要求，与经济社会发展所有领域都必不可少的能源利用方式有关，由于碳达峰和碳中和时间不统一，"双碳"目标成为社会经济发展的主要约束条件。我国提出"双碳"目标，不仅是能源与环境之间的问题，还是一项影响非常深刻、复杂的系统性工程，与欧盟、美国等相比，我国实现"双碳"目标的时间紧、任务重、难度大，尤其是考虑到能源及相关产业在国民经济中的重要地位，在推动"双碳"工作时，更要注重节奏和方式，要防止由此引发的系统性风险和对经济社会发展带来的挑战。

4. 参考答案：科学准确评估城市排放是识别排放源，科学有效开展城市低碳工作的基础和前提，也是制定有效的城市可持续发展方案的重要基础和依据。有以下几种方法可以使城市温室气体清单在减排活动中发挥更有效的作用。

第一，优化城市温室气体清单不确定性的分析标准。目前，我国缺乏城市温室气体清单不确定性分析的指南。国家和城市温室气体计量框架、不确定性分析框架与使用的统计数据口径较为相似：一方面有利于比较温室气体清单结果和不确定性分析结果，另一方面更有力地说明城市温室气体清单不确定性评价研究的不足。

第二，加强城市温室气体排放数据统计工作。我国能源及排放数据来源差异相对较大，需要国家、省份、城市、企业多方面、多层次协同控制能源及温室气体排放的数据质量。城市主体的温室气体统计核算工作一方面要同现有统计工作体系相结合；另一方面要完善直报系统，发挥信息技术的支撑作用。

第三，改进核算方法，形成合理的温室气体监测计划。未来需要在城市尺度上根据城市的发展特点，有针对性地改善核算内容和核算方法，提高温室气体统计核算数据质量；可以在观测数据上将地面测量、卫星遥感观测数据和大气模拟分析模型相结合，在更广泛的系统里对温室气体数据进行衡量和互相验证。

5. 参考答案：2012 年吉林市被确定为第二批国家低碳试点城市之一，编制温室气体清单是开展低碳试点的重要基础性工作。习近平总书记强调："良好生态环境是东北地区经济社会发展的宝贵资源，也是振兴东北的一个优势。"东北三省(黑龙江省、吉林省、辽宁省)由于自身资源优势和传统发展定位，形成了以重工业和资源型产业为支撑的经济增长格局。随着经济和社会的发展，人民生活水平不断提高，人们对化石能源的需求量越来越大，产生大量的二氧化碳等温室气体，不仅严重污染环境，还威胁着人类的生存安全。东北三省作为我国的老工业基地，工业化发展起步早，为我国的经济发展做出了很大的贡献，但与此同时也带来较多的碳排放量。因此，选取东北地区的数据作为特定参数能更好地进行不确定性分析。

6. 参考答案：在高水平不确定性的情况下，分布可以是对数正态分布、伽马分布和三角分布等。对数正态分布是指对数为正态分布的任意随机变量的概率分布，如能源活动部门中生物质燃烧部分。伽马分布是指多个独立且相同分布指数的分布变量和的分布。三角分布适用于随机变量可能的结果及取值区间已知但概率分布未知的情况，如农业活动中的农用地排放部分。

六、拓展学习资料

【1】樊纲. 走向低碳发展[M]. 北京：中国经济出版社，2010.

【2】张坤民，潘家华，崔大鹏. 低碳经济论[M]. 北京：中国环境科学出版社，2008.

【3】庄贵阳，朱仙丽，赵行姝. 全球环境与气候治理[M]. 杭州：浙江人民出版社，2009.

【4】中国长期低碳发展战略与转型路径研究课题组，清华大学气候变化与可持续发展研究院. 读懂碳中和：中国 2020—2050 年低碳发展行动路线图[M]. 北京：中信出版集团，2021.

【5】蔡博峰，刘春兰，陈操操. 城市温室气体清单研究[M]. 北京：化学工业出版社，2009.

【6】张晓梅．城市温室气体核算与不确定性分析［M］．北京：经济科学出版社，2021．

【7】冯相昭．城市交通温室气体减排的战略研究［M］．北京：气象出版社，2009．

【8】［英］哈莉特·巴尔克利．城市与气候变化［M］．陈卫卫，译．北京：商务印书馆，2020．